あきらめる勇気

人生はあきらめが9割　残りの1割で幸福になる方法

中村幸也

ハート出版

この本の内容に反発する人もいるかもしれない。

はじめに

「あきらめるな！」
「あきらめるな！」

こんな言葉にどれほどの人が苦しんでいることでしょう。

「あきらめたら負けだ」
「あきらめたら、そこで終了」

はたして本当にそうでしょうか？

もしかしたら、あきらめることで初めて見える世界があるんじゃないだろうか？
もしかしたら、あきらめることで初めて開かれる扉があるんじゃないだろうか？

僕は心理カウンセラーですが、カウンセリングをしていると色んな人に出会います。クライエントの中にはあきらめることにネガティブなイメージを持ったり、「どんなことでも絶対にあきらめたらダメなんだ」と思い込んでいる人も多いです。

でも、それも仕方がないことかもしれません。

なぜなら、僕たちの多くは〝あきらめずに頑張る姿こそ美しい〟と教えられて育ったからです。世間では〝あきらめないで頑張り続ける人〟が賞賛されます。そしてあきらめることは「逃げることだ」とか「甘えだ」と言って臆病者扱いされるのです。確かにあきらめないで走り続けている人を見るとカッコよく見えるかもしれません。そりゃ、僕も最後まであきらめずに頑張る人の姿は美しいと感じます。でも、だからといってあきらめた人たちが臆病者だというのは、あまりにも一方的なモノの見方ではないでしょうか？　中には勇気を出してあきらめたからこそ、新しい道へと進めた人もいます。

「あきらめなければ夢は叶う」

僕もそう思います。

「成功するまで続ければ失敗はない」

そのとおりだとも思います。

でも「じゃあ夢が叶わない人はみんな、頑張りが足りないからなのか？」

となると、ちょっと違ってきます。

どれだけ頑張ったって、どうにもならないことだってあるんじゃないでしょうか？

中には「そんな簡単にあきらめちゃいけない」って言う人もいるでしょう。でもそんな簡単にあきらめられる人なら、そんなに苦しむこともありません。簡単にあきらめない人だからこそ、「あきらめちゃいけない」と自分を追い込んで苦しんでいるのです。

「あきらめるな！」

その励ましは、全力で夢に向かって走っている人にとっては、確かに勇気が湧く言葉でしょう。しかし自分を追い込んでいる人にとっては辛い言葉になります。

この本は、いま、目標へと何の迷いもなく全力疾走している人にはあまり役に立たないかもしれません。なぜなら**この本はあきらめることにネガティブなイメージを持ち、苦しんでいる人のために書いたもの**だからです。

自己紹介が遅くなりました。
僕は元暴走族の心理カウンセラー中村幸也と申します。

「なに？　元暴走族だって？」
もしかしたら、そう反発する人もいるかもしれません。

でも事実です。僕は元暴走族です。それは紛れもない僕自身の過去。僕自身の歴史。
どれだけ悔いても、どれだけ隠しても、消えてなくなるモノではありません。

だから僕はあきらめました。

いえ、何も投げやりになったわけでも、居直ったわけでもありません。
それは紛れもなく僕自身が行ってきたことなのだと認め、明らかにしたのです。

人にもよりますが、元暴走族の過去から心を入れ替え真面目に生きている人は、それをあまり人に知られたくないものです。なぜなら、自分が行ってきたことを心から悔いているからです。
もちろん、中には仕事柄どうしても伏せておく必要があるというケースもあるでしょう。

しかしどれだけ上手に隠し続けても、その過去は消えてなくなりはしません。その過去あっての現在で、過去がなければ現在の自分は存在しないことになります。

中には暴走族という過去をカッコよく思い、それをわざと隠して自然と知られるのを待つという人もいます。でもそういう人は自分の過去をあきらめられていない人です。

過去をあきらめるとは過去を明らかにすること。自分のしてきたことと向き合い、その上で現在《いま》をどう生きるか見極めることです。

とまぁ、偉そうにこんなことを書いている僕ですが、実はかつての僕自身も地元を離れた時、その過去を知られないように隠して生きてきました。

僕は12歳の時からタバコを吸い始め、中学時代はパンチパーマの頭で登校していました。盗んだバイクで校内を走り回り、タバコを吸いながら廊下を歩く問題児。家では両親の仲が悪く、自分の居場所を見いだせずにいたという背景があります。

僕の両親は僕が生まれてすぐに離婚しています。そして物心がつく前に母が再婚していたため、僕は義父のことを実の父親だと思って暮らしていました。

しかし小学校低学年の頃、叔母から「あなたのお父さんはあなたの本当のお父さんじゃないよ」と知らされます。幼かった僕にもなんとなく感じるものはありましたが、義父はとても優しく本当のお父さんのように接してくれました。しかしやがて弟が生まれてから、急激に義父の態度が変わり始めたのです。

夜、寝ていると義父に意味もなく起こされ、台所に連れていかれ叩かれました。わけもわからず僕は泣きました。でも泣けば泣くほど叩かれます。当時の母は、昼は喫茶店で働き、夜はスナックで働いていました。僕が叩かれるのは決まって母がいない時なのです。

僕は母に相談しようと思いました。しかし僕はそれを言葉で上手に伝えることができませんでした。僕はなんて言っていいのかわからず、「怒られて叩かれた」と言いました。でも、そんな中途半端な説明では母に伝わるはずもなく、「あんたが悪いことをするから怒られるんやろ!」となりました。

結局、義父も僕が悪いことをしたから叩いたのだと言い、僕が悪いということになったのです。そして母に言ったことで僕は義父に再び叩かれました。

「叩かれるのは僕が悪いからなんだ」

「そしてこれは人に言ってはいけないんだ」

そう思うようになり、次第に僕は黙ることを覚えました。言いたいことがあるのに言葉を知らないから、それを上手に伝えることができない。だから自分の気持ちを押し殺し、ただ黙って涙を流すだけの人形のようになってしまったのです。

母に叱られた時もそうでした。子どもの頃の僕はただ黙って涙を流したまま、自分の気持ちを押し殺し、必死で言葉を探していたのです。しかしそんな僕の姿を見て、余計に腹が立ったようで「なんや、その顔は！　何を睨《にら》んでるんや！」と言って再び叩かれました。

その頃、母から言われた言葉で忘れられない言葉があります。それは「お前のその顔は○○そっくりだ」という言葉です。○○というのは母の前の旦那の名字、つまりは僕の本当の父の姓です。しかしその父と母は僕が生まれて間もなく離婚しているわけですから、僕は父の顔なんて知りません。

もちろん母も母で大変だったのです。僕は親の言うことを聞くような子ではありませんでしたから、腹が立ったり、ついカッとなってしまった部分もあるのでしょう。今だからこそ、そんな母の気持ちを汲み取ることができるようになりましたが、当時は子どもの僕がそんな母の気持ちを察することなんてできません。


ただ辛くて悲しくて涙を流すことしかできませんでした。


「オレも似たくてこんな顔になったわけちゃうし」

「だいたい勝手に結婚して、勝手にオレを生んで、勝手に離婚したのはあんたやん」

「そんなことを言うんやったら、最初からオレのことなんか生まんかったら良かったんや」

そんな気持ちも僕は言葉にして伝えることができませんでした。


僕は生まれてこないほうが良かったのではないだろうか？

僕はこの家にいないほうがいいのではないだろうか？

次第にそんな気持ちが強くなっていきました。


その気持ちは、中学生になって徐々に抑えきれなくなってきます。相変わらず言葉を知らない僕は、言葉で語らない代わりに、悪さをするという行動を取るようになったのです。

そして僕が中学生になった頃から少しずつ義父と母の仲が悪くなり始めました。家からは笑い声もなくなりました。やがて笑い声どころか会話すらないような生活になり、母にはヒステリックに怒鳴られ、義父からはますます理不尽な仕打ちを受けるようになりました。

中学生になった僕は、髪の毛を染めたり、タバコを吸ったり、バイクを盗んだりするようになりました。しかし家庭での出来事は誰にも語らず、心にしまい込んだまま、学校ではなるべく明るく友だちと接していたように思います。相変わらず言葉を知らない僕は、上手に人に思いを伝えることができずにいました。そしてそんな気持ちをノートに書きためるようになっていったのです。

そして中学卒業後は高校へは行かず、暴走族に入り、副総長になりました。
暴走、喧嘩、窃盗、傷害、シンナー、覚せい剤…。

17歳の時に両親が離婚して、母が家を出て行ったため、僕も家を追い出されました。行くあてなく彷徨い、川のほとりで一夜を過ごしたこともあります。精神的にも不安定になり、仲間の前では強がっているのに、ひとりでいる時は泣いてばかりいました。

「死んでしまいたい」
そう呟いて手首をナイフで切りつけたこともあります。

やがて一人で暮らし始めた僕は、自分が過去に犯した罪を後悔するようになったのです。自分が辛い状況にあったとはいえ、たくさんの人に迷惑をかけてきた。そしてたくさんの人を傷つけてきた。その後悔、その自分自身の消せない過去の重さに苦しくなり、僕は心がうつ状態になったのです。

何もやる気がでない。でもこのままではいけない。

そんな僕をやがて僕自身がカウンセリングし始めることになるのですが、自分の過去をひたすら隠して生きていた僕は、やがて自分の過去を素直に話すことができるようになったのです。これは後ほど詳しく書きます。

そして今ではそうやって自分の歴史を語ることはとても大切だと思っています。なぜなら、カウンセラーの僕が自分のことを話さずに相手に対して自己開示を求めても、誰も心を開いてはくれないとわかったからです。

自分の過去をあきらめられずに悩んでいる人がいる。
過去に囚われて現在《いま》を生きられない人がいる。

僕は元暴走族という過去を含め、自分の人生を明らかにすることで自分自身と向き合いました。そしてまずは僕自身が過去の自分を受け入れようと思い、過去を隠さないで生きることに決めたのです。そうすることにより、変えられない過去を抱えて悩んでいるクライエントも、少しずつ僕に心を開いてくれるようになります。

元暴走族の心理カウンセラーと言ったって、何も僕は特別な存在なんかではありません。あなたと同じように悩んだり、落ち込んだり、時には泣くことだってあります。そしてあなたと同じように過去を背負い、傷を背負いながら、弱いなりにも明るく生きていこうとしているひとりの人間なのです。

そう、**あきらめるのは悪いことじゃない。**

その上であきらめないことを大切にすればいいのです。

だからもし今、あなたが何かで悩んでいたり、何かに迷っているのなら、まずはあきらめる勇気を持つことから始めませんか？


元暴走族の心理カウンセラーである僕が「あきらめる勇気を持とう」なんていうと「道徳からかけ離れている」と言って反発する人もいるかもしれません。確かに体裁《ていさい》だけを考えるのならば、「あきらめない勇気を持て」と言ったほうが聞こえはいいのでしょう。

しかし、生きていく上であきらめる勇気を持つことはとても大切です。

それに僕は日本の現状を見ると心が痛くてたまらなくなるのです。


警察庁発表のデータによると日本の自殺者数は１９９８年に3万人を突破し、２０１１年まで14年連続で3万人を越えました。２０１２年以降は2万人台になり、この本を執筆している２０１５年現在までは、日本の自殺者数は減少していると伝えられています。しかし大切なのは数ではなく、自ら命を絶った人たちひとりひとりに人生があったということです。

そして、数字や統計は操作して少なく公表することが可能です。つまり実際にはもっとたくさんの人が自ら命を絶っているのに、控えめな数字にしているというカラクリもあるのです。

自殺かどうかわからないケースは「事故死」扱いになることもあります。電車に飛び込んで自殺した人がいたとしても、遺書がなければ自殺かどうかなんてわかりません。だから人身事故として扱われることもあります。

そして自殺であっても遺族が故人の自殺を恥じて、遺書を公表しないなどの理由で事故とされているケースも存在すると言われています。

自殺者より多いのが変死者ですが、病院以外で医師に看取られることなく亡くなったら「変死扱い」になります。ですので変死とされた人たちの中に自殺した人がいても実際はわかりません。

それを元に考えると実際の自殺者数は5万人～10万人という説もでてくるわけです。

さらに自殺未遂者は自殺者の10倍いると言われていることから、年間50万人以上の人が健康面での理由や経済的な理由、人間関係での悩みなどで自ら命を絶とうとしていると考えられます。

厚生労働省が実施している患者調査によると、日本のうつ病患者数は2002年に71・1万人、2005年には92・4万人、2008年には104・1万人と増加していることがわかります。これは医療施設に対して行われている「患者調査」の結果からの数字でしかありませんので、医療機関に看てもらっていないうつの人は当然数字に含まれていません。

それだけたくさんの人が今、心を病みながら毎日を生きているのです。それなのに、ただ闇雲《やみくも》に「がんばれ」とか「あきらめるな」と言うだけでは何の解決にもなりません。反対にうつの人を追い込んでしまうことになるでしょう。

真面目な人ほど努力家になり、努力すれば必ず成功すると信じて頑張ります。もちろん、それが悪いというわけではありません。夢や目標に向かって努力するのは大切ですし、その過程で得る経験は貴重です。頑張って努力することにより学び、大きく成長することもできるでしょう。だからたとえ夢が叶わなかったとしても、そうして努力した時間は決して無駄な時間とは言えません。

でも、あきらめないで努力してそれでも結果が出なかった時、そんな真面目で努力家の人ほど「自分の努力不足だ」と言って自分を責めてしまう傾向も強いのです。

本当は誰かが「もうあきらめてもいいんだよ」と言ってあげるべきなのです。でも誰も「あきらめていい」とは言ってあげない。それどころか、あきらめることは甘えだとか逃げることだと決めつけられ、できないのは努力が足りないからだと責められます。そりゃ確かに何かを達成できないのが本人の努力不足の場合もあるでしょう。しかし、できないのは本人の努力不足ではない場合だってあるのです。

「じゃあ、あきらめて投げやりに生きていけって言うんですか!」って声が聞こえてきそうですが、そうじゃありません。僕がいう「あきらめる」というのは何も途中で投げ出すことを指して言っているのではないのです。

現在ではあきらめるという言葉は「途中で投げ出す」というような悪いイメージで使われるケースが多く、どうしてもネガティブに捉えられがちになります。しかし、あきらめるという言葉は元々「明《あき》らめる」（真実を明らかにする）という意味でつかわれていたものなのです。

「明らめる」とはモノゴトをはっきりさせ、ありのままにするという意味です。そう、言うならば、大ヒットしたディズニー映画『アナと雪の女王』の主題歌『Let It Go（レット・イット・ゴー）』です。この「Let It Go」には抑えていたものを解き放ち「これで良しとする」といった意味があります。するとどうでしょう。あきらめるという言葉もこうして視点を変えて捉えてみると前向きに思えてきませんか？

そう、**あきらめるとは物事を途中で投げ出すことではなく、明らかに見ること。つまりハッキリさせることと**なのです。

あきらめるとは敗北を意味するのではなく、「現実を受け入れる前向きな姿勢なのだ」と理解した時、あなたの人生にパラダイムシフトが起こるでしょう。パラダイムシフトとは、これまで持っていた考え方（パラダイム）を革命的に変化（シフト）させることをいいます。あなたのこれまでの常識を覆《くつがえ》し、革命的に意識を変化させることによって人生が大きく変わります。

どうにもならないと気づきながらも、多くの人が「あきらめたらダメだ」と思い込んで苦しんでいます。あきらめずに不可能を可能にしてきた人たちがいるのだから、自分もあきらめたらダメなんだといって、ドンドン自分を追い込んでしまいます。

でも僕たちが生きている世界は綺麗ごとばかりではありません。あきらめないで努力しても越えられない壁というのは確実に存在します。それを認めることは生きていく上でとても大切なのです。

もちろんそれを認めた上で「その限界に負けたくない」と頑張る人がいてもいいでしょう。でもあきらめて他の人よりゆっくりのペースで進む人がいてもいいのです。そしてそういう人を受け入れてあげる世の中が生きやすい世の中と言えます。

あきらめないことは逆境に立ち向かうひとつの手段ではありますが、それは絶対的なものではありません。多くの人が「あきらめたらダメだ」としがみつく中、自分だけが違う道を選択するのは勇気がいります。でも、そのあきらめる勇気が未知の世界への扉を開くのです。

ユダヤにはこのような格言があります。

「何も打つ手がないとき、ひとつだけ打つ手がある。それは勇気を持つことだ」

そう、何も打つ手がない時でも、あきらめる勇気を持てばピンチをチャンスに変えることだってできます。あきらめる勇気を持つことは生きていく上で欠かせない大切な心構えなのです。

僕はカウンセリングを通じて、あきらめることに罪悪感を抱いているたくさんの人と接してきました。だから「もう、いいんだよ」「しゃーないよ」と言ってくれる人がいると、ホッとして明日に希望を持てる人がいるということを知っています。
うつ病患者は年々増加しつつあります。そして思うように景気も回復しません。生きにくい世の中です。この激動の時代を生き抜くにはこれまでとは違った非常識な方法が必要とされます。そう、こんな時代だからこそ、僕は心理カウンセラーとしてこう思うのです。

「この時代を生きている人たちは今まさに〝あきらめる勇気〟を必要としているのだ」と。

だから僕はこの本を通じて、前向きにあきらめる勇気を持って幸せに生きてほしいのです。そしてたとえ人生の9割をあきらめても、1割はあきらめないで生きていって欲しいと思っています。どうにもならないことの9割はあきらめて構いません。だってその場所が新たなスタート地点なのかもしれないのですから。

この本があなたの人生にとって生きる道しるべのような一冊となったら僕は嬉しく思います。あきらめる勇気を持つと共にすべての人が幸せに生きていけるように。心を込めて。

中村　幸也

表画・本文イラスト　オオノマサフミ

1章

あきらめる勇気が力になる

あきらめの1

人生はあきらめが9割

１９９１年9月、歴史に残るほどの台風が日本に上陸しました。東北地方に甚大な被害を与えたこの台風19号は別名「りんご台風」とも呼ばれ、今でも当時を知る人たちの記憶の中には、強く焼き付いています。そもそもなぜ「りんご台風」と呼ばれたかと言うと、この年の激しい台風19号が、収穫前の青森のリンゴ約38万トンを落としていったからです。ほとんどのリンゴが木から落ち、倒されたリンゴの木を見てリンゴ農家の方たちはしばらく声も出せませんでした。

しかしその落ちたリンゴを潔く〝あきらめた人〟がいます。

この人はあきらめたことにより、あるアイディアを思いつき、こう言いました。

「この落ちながったリンゴば〝落ちねリンゴ〟どして1個1000円で売ってみては何んぼかの？」

つまり落ちなかったリンゴを〝落ちないリンゴ〟として1個１０００円で売ってみたらどうだろうと言ったのです。そして実際にその方法を試してみると、なんと大ヒット。リンゴ1個１０００円という価格にも関わらず、「あれほどの台風でも落ちなかったリンゴは縁起がいい」といってみんなが喜んで買っていきました。この〝落ちないリンゴ〟は全国の神社でも販売され「過酷な状況でも落ちないリンゴだ」と言って受験生たちも喜んで食べている姿がテレビで放送されました。

この話を聞いて「なんだそれはあきらめたんじゃなく、あきらめなかったからだろ！」って言う人もいるかもしれません。確かに1割はそうです。しかし、これは後ほど詳しく説明しますが、残りの9割はやはり〝あきらめたから〟できたのです。

実はこの台風の被害を受け、リンゴ農家をやめていった人たちもいました。無理もありません。農家の人はリンゴが収穫できないと収入がなくなります。ほとんどのリンゴが落ち、木が倒されてしまっては、やっていくことができないと判断したのでしょう。

リンゴ農家をやめた人と落ちないリンゴを思いついた人、どちらが正しくて、どちらが間違いなんてありません。ただ起きた出来事に対しての捉え方が違ったというだけです。しかし、落ちたリンゴを見るか、落ちなかったリンゴを見るかで未来が大きく変わったのは間違いありません。

では、落ちなかったリンゴにフォーカスした人は、何をあきらめたのでしょう？

まず、歴史に残るほどの大きな台風が青森県のリンゴの木を襲いました。そしてほとんどのリンゴが木から落ちてしまい、落ちなかったリンゴは1割程度でした。そんな状況の中、落ちた9割のリンゴをあきらめるのはとても苦しい決断です。しかし落ちたリンゴだけに執着していても現実は変わりません。

だからこの〝落ちないリンゴ〟を思いついた人は「落ちたものは仕方ない」と落ちた9割のリンゴ

をあきらめたのです。あきらめたからこそ、落ちなかった1割のリンゴに目を向けることができました。そしてそのリンゴから新しい発想が生まれたのです。

これは人生でも同じことが言えます。人生はあきらめが9割です。あきらめる勇気がなければ、前に進むことはできません。9割の落ちたリンゴをあきらめる勇気を持ったおかげで、新しい発想が生まれたのと同じように、人生もあきらめなしでは新しいアイディアは生まれません。

「あきらめない」と言ってひとつのことに執着するのは、新しい可能性の扉を開く妨げになります。9割のリンゴが落ちた時、落ちたリンゴを見て「あきらめられない」と、ただ嘆き悲しむだけの人がいました。それが悪いと言いたいわけではありません。しかしそのいっぽうで「落ちてしまったものは仕方がない」とあきらめて、新しい扉を開いた人もいたのです。

何をあきらめて、何をあきらめないかで人生はこんなにも変わります。

誰も起きた出来事そのものは変えることができません。しかし起きた出来事に対してどのように行動するかは自分で選択することができるのです。後ほど詳しく説明しますが、これを心理学ではABC理論と言います。人生のあらゆる場面で同じ理論が当てはまります。「あきらめない」と力みすぎることにより、視野が狭くなってしまいます。視野が狭くなると事実を直視できなくなるのです。するとその先にある可能性を見ることができません。

しかしあきらめたらどうなるか？　あきらめることによって事実を受け入れざるを得なくなりま

す。事実を受け入れたことによって今度は視点が変わります。視点が変われば、今まで見えなかった世界が見えるようにもなる、ということです。

台風で落ちた9割のリンゴ。

これは良いとか悪いとかじゃなく、変えることのできないひとつの事実です。この事実を明らかに見ることを〝あきらめる〟といいます。〝あきらめる〟とは、その状況を投げ出して逃げることをいうのではありません。〝あきらめる〟とは、進まないってことではないのです。変えることのできない事実を明らかに見るということです。

人生にはこのようにどうしようもないことがあります。でもあきらめたらそれで終わりってわけではありません。あきらめることから始まることだってあるのです。新しいアイディアが生まれるために9割をあきらめることになっても、もっとも大切な1割をあきらめないで本気で生きるなら、それに懸《か》けたほうが賢明と言えるでしょう。

人生の9割はあきらめてもいい。
でも1割だけはあきらめないで本気で生きよう！

あきらめの2

たけし、タモリ、さんま、ビッグ3のあきらめ力

本当に「あきらめなければ夢は叶う」のか？　本当に「努力は必ず報われる」のか？　これはインターネットなどでも、よく議論《ぎろん》されるテーマです。「あきらめなければ夢は叶う」「努力は必ず報われる」という考えの人もいれば「いや、あきらめなければ夢が叶うなんてことはない」「努力したからといって報われるとは限らない」と言う人もいるでしょう。

芸能人もこのテーマでそれぞれの意見を述べています。

たとえば、ビートたけしさん、タモリさん、明石家さんまさんのお笑いビッグ3。以前テレビで「〝努力すれば夢が叶う〟という考えについてどう思うか？」というテーマについて、ダウンタウンの松本人志さんらがビッグ3の見解を参考に議論するという番組が放送されていました。これについてたけしさん、タモリさん、さんまさんの3人ともが「努力すれば夢は叶う」という考えを否定し「あきらめずに努力しても夢が叶うわけではない」と答え、放送終了後にはネット上で炎上するという事態になりました。

お笑いの世界だけでなく映画監督としても活躍するたけしさんは、「人間は平等じゃない。努力したって駄目なものは駄目」と自身の著書『全思考（幻冬舎）』で述べています。さらに「芸能界を目

指す人間が1000人いたとして、そのうち何人が飯を喰えるようになるか。せいぜい1人いるかどうかだ。あとの999人は諦めるのが前提なのだ。それでも努力すれば夢はかなうと言えるのか。そんな馬鹿な話はない」とも記しています。

「努力すればなんでも夢が叶う」という前提で考えると夢が叶わなかった時、「お前の努力が足りなかったんだ」と片づけられてしまうことが多いのが現状です。しかしこれはとても残酷な話です。なぜなら、**どれだけ努力しても叶わない夢がある**からです。

「あきらめないで頑張れば、いつかはできるようになるよ」なんて口で言うのはカンタンです。でも、できない人はどれだけ努力してもできません。だから苦しんでいるのです。それなのにいつまでも「あきらめるな」と言って無理をさせるのは、本当に正しい判断とは言えません。育つ環境も違えば、遺伝子も違います。それなのに、なんでも努力のせいにして「できないのは努力不足」と片づけ、「できなかったのは途中であきらめたからだ」と言うのは少し違うような気がしませんか？

たけしさんは同じ本の中でこうも述べています。「努力すればなんとかなるなんて、おためごかしを言ってないで、子どもの頃から人間は平等じゃないとちゃんと叩き込んでおいてやった方がいい。親がお前にはその才能がないと言ってやるべきだ。いくら努力しても駄目なものは駄目と教えてあげなきゃいけない」と。こんな意見を聞くと「子どもの夢を潰す気か！」と言って怒る人もいるかもしれません。確かにたけしさんの意見は少し厳しいようですが、たとえどんなふうに言われて育っても、やりたい子はやるだろうし、やらない子はやらない。才能というのは周りの人間がその開花を妨害しようとして潰せるほど、ヤワなものではないという意味も込められているのでしょう。
それに子どもが委縮《いしゅく》するからといって「なんでも努力すれば叶う」とか、「あきらめなければ夢は叶う」と言って育てるのも考えものです。実際、世の中に出たら現実は厳しいという面があります。世の中はタフでなければ生きていけません。だからそういった世の中を生き抜ける心を育ててあげるのも僕たち大人の大切な役目だと思います。もちろん、これは何も努力を完全否定しているのではありません。「あきらめず努力すれば夢が叶う」ではなく、「あきらめないで努力すれば叶う夢もある」ということを教えてあげるのも大切ではないでしょうか？

適当がモットーのタモリさんは昔ラジオ番組をしている時に、「やる気のある者は去れ！」と発言しています。「頑張ってしたいと思います！」という奴は暑苦しい、「やる気のある奴は物事を中心しか見ていない。面白いことはその周辺にあることに気づかず、視野が狭くなる」と言っています。さらに「長続きのコツは、張り切らないこと」と言っています。叶うものは叶うし、叶わないものは叶わない。**行き当たりばったりを楽しむ人だからこそ、自然体でいられる**のかもしれませんね。

さんまさんは以前『ヤングタウン土曜日』というラジオ番組で「努力は必ず報われる」と言う人に対してこう言っています。「努力は報われると思う人はダメやね。努力を努力と思うのではなくて、好きだからやっているだけで終わっておいたほうがいい」と。

実はさんまさんは2002年にも同じラジオ番組で当時「モーニング娘。」のメンバーだった紺野あさ美さんに対して「がんばるな。がんばらんでええねん」「努力が報われると思ってはいけない」と語っていました。

努力が報われると考える人には、「努力したんだから報われて欲しい」という期待が生まれます。でも報われてほしいという期待から努力してしまうと、その期待どおりの結果が得られなかった時「報われなかった」という恨みを抱いてしまうことがあるのです。

人は自分にはできると期待してできなかった時、失望も大きくなります。

「こんなに頑張ったのに…」それは恨みとなってしまい、努力してきた自分の人生そのものを否定することに繋がってしまうケースもあるのです。でも努力しても期待どおりの結果がでないことは多々あります。だから**もし見返りを求めて努力するのであったとしても、その見返りを得られないことで腹を立てたり、自分の人生を否定したりなんかしてはいけない**のです。なぜなら望みどおりの結果がでなかったからといって、それで不幸になると決まったわけじゃないのだから。

何かを手に入れたいと思ったら努力しなければならない時がある。
でも本気で努力して、それでもダメならあきらめるしかない。

あきらめの3

あきらめる勇気がチャンスを生む

2015年現在、アベノミクスにより企業収益の拡大で雇用環境が改善していると言われていますが、アベノミクスは大企業と中小・零細企業、正規雇用者と非正規雇用者といった格差を生んでもいます。それによりまだまだ厳しい就職活動を強いられている学生も多いことでしょう。

学生の中には100社以上の企業にエントリーして、1社も内定をもらえずに悩む人もいて本当に辛い状況だと思います。エントリーした会社のほとんどが書類選考でハジかれて、面接に辿り着けたと思っても、まだまだ安心できません。そこから2次試験に辿り着けるのは僅か数人しかおらず、採用されるために一生懸命に頑張っても結果はすべて不採用となってしまう人も存在します。

このような経験をしてしまった学生は社会から自分は必要されていないとまで感じてしまいます。それでもあきらめるわけにはいかないから就職活動を続けますが、今までの不採用の記憶はこれからの自分の未来にまで影響してしまいます。そして「どうせどこも採用してくれないんだ」と絶望的な気持ちを抱えたまま、あきらめられずに苦しみ続けてしまうことになるのです。

「あきらめたらダメだ」ってしがみつけばしがみつくほど、苦しくなる。そんな時こそあきらめる勇気を持つ必要があるのです。

「あきらめきれない」という状況は自分が変わらなくても、「もしかしたら状況が良くなるかもしれない」と考えている状態です。言うならば真実から目を逸らしているのです。しかしあきらめたら、考え方や行動が大きく変わります。なぜなら、あきらめたら〝自分が変わらざるを得ない〟からです。

具体的にあきらめたらどうなるかというと、まず100社エントリーしてもどこにも採用されないという事実と向き合うようになります。そしてそれは自分の履歴書の書き方に問題があったり、面接での態度に問題があるということに気づき、変化のきっかけにもなります。あるいは自分が採用されたいと思っている会社は自分を必要としていないことを知り、新たに〝本当にやりたい仕事〟を探すきっかけになるかもしれません。ピンチの時はチャンスの時でもあります。もしかしたら就職の道をあきらめて、起業の道を選択するチャンスになるかもしれません。

このように、あきらめることは真実と向き合うという勇気ある行為なのです。しかし「あきらめなければ、どこかの会社が採用してくれるかも？」といって、真実を明らかにしないままでは何も変化を起こそうとしないでしょう。そして今までどおり変わらず不採用の結果ばかりを積み上げることになってしまいます。

就職はゴールではなく、あくまでもひとつのスタート地点にすぎません。

「今ここであきらめたら、これまでのすべてが無駄になる」と考える人もいるかもしれませんが、本当にそうなのか？　をよく考えてみることです。どちらかというといつまでもズルズルあきらめない人のほうが、大切な時間や色んなモノを失ってしまっているのではないでしょうか？

自分が望むような会社をあきらめられないで、何歳になっても働くことができず、結婚もできず家庭も築けず、夢すらも失った人がいます。その一方で「採用してもらえない」という事実を認め、就職をあきらめて、飲食店でアルバイトを始めたのち、自分で飲食店をOPENさせた人もいます。

あきらめた人とあきらめなかった人、どちらの未来が明るいでしょうか？

僕自身の話になりますが、僕は中学を卒業してその2週間後に働き始めました。

そしてその後20回以上転職を繰り返しています。

当時の僕は中卒で雇ってくれるのは建築現場くらいだと思っていたので、土方《どかた》仕事ばかりしていました。

そこで僕は額に汗をかいて働いてお金を稼ぐことを学びました。しかし土方仕事は朝の6時頃に集合して、現場に出発することも多かったのです。中学の頃からまともに学校に行っていなかった僕にとって、朝早く起きるのはとても辛く、厳しいことでした。

やがて早起きして働く仕事をあきらめた僕は、夜のラーメン屋さんで働き始めます。しかしラーメン屋さんの給料は土方仕事と比べると安く、また別の仕事を探しはじめました。

飲食店で働いてみたり、祭りや縁日などでテキヤの仕事をしてみたり、営業の仕事をしたりしながら、やがて僕はカウンセラーになりました。

僕はさまざまな仕事を経験し、そしてそれらをひとつずつあきらめることにより、新しい可能性を発見することができたのです。

だから、もしあなたがあきらめることに否定的なイメージを抱いているなら、少し視点を変えてみるのもいいと思います。

世の中っていうのは、苦しみながら「あきらめない」人より、明るくあきらめた人のほうを受け入れてくれるものなのだから。

あきらめるとは真実を明らかにして次のステップに進むこと。
あきらめる勇気が次のチャンスを生む。

あきらめの4

アリの生き方か？　キリギリスの生き方か？

イソップ寓話の『アリとキリギリス』をご存知ですか？

夏の間アリたちは冬に備えて食べ物を集め、働き続けました。しかしキリギリスは毎日バイオリンを弾いて、歌を歌って過ごしました。やがて冬が訪れ、キリギリスは食べるものがなくアリたちに分けてもらおうとします。しかしアリは「夏の間歌ったなら、冬の間踊りなさい」と言って食べ物を分けることを拒否し、キリギリスは死んでしまいました。

子どもの頃にこの話を聞かされて「怠けていたらキリギリスになるぞ！」なんて言われた人も多いのではないでしょうか？　僕も小さい頃にこの話を聞かされて「アリさんみたいに一生懸命働いて周りが遊んでいる時でもコツコツコツコツ頑張るんだよ」ってよく言われたものです。

でもこの『アリとキリギリス』というお話、もともとは『アリとセミ』という話だったのです。ヨーロッパにはセミが少ないことから寓話が伝えられる過程でキリギリスに変わりました。だから地域によってコオロギやトンボになった所もあるようです。

夏のあいだ歌ってばかりいるといえば、日本でも確かにセミですね。夏になるとセミはいっせいに鳴き始め、やがて秋になる頃にはいなくなります。セミは飼育が難しいことから寿命が1週間くらいだと思われていますが、実際は成虫になってからも1ヶ月ほど生きています。そして種類にもよりますがセミは土の中で3年～17年生活するので昆虫の中では寿命が長いほうです。成虫として生きられるのは夏の1ヶ月だけですので、アリのように冬に備えてエサを集めても何の役にも立ちません。だから成虫として生きていられる短い期間を精いっぱい歌っているのでしょう。と、まぁそんなことを言ってしまったら寓話として楽しめませんので、このお話の教訓は何かを考えてみましょう。

この『アリとキリギリス』のお話、現代では結末が複数あると言われています。

ひとつ目はこの章の冒頭で書いたように「冬になってキリギリスがアリに食べ物を分けてもらおうとするものの拒否され、キリギリスは死んでしまう」というものです。

もうひとつの結末では「アリがキリギリスに食べ物を分けてあげる」となっています。アリは「どうぞ遠慮なく食べてください。元気になって、また夏になったら楽しい歌を聞かせて下さい」と言ってキリギリスは嬉し涙を流すという結末です。この結末は、食べ物を分けてあげないでキリギリスが死んでしまうのは残酷だという観点から、新たに作られたものだと言われています。

そして別の結末では「夏の間歌ったなら、冬の間踊りなさい」と言ったアリに対してキリギリスが「もう歌うべき歌は歌いつくしたんだよ。きみはぼくの亡骸を食べて生きのびればいいさ」と言ってキリギリスは自分の生き方に胸を張って死んでいきます。この結末でのキリギリスはなかなかカッコいいセリフを言いますね。まるでマンガ『北斗の拳』に登場し「わが生涯に一片の悔いなし！」と言って大往生を遂げたラオウのようです。

さらにビートたけしさん著『ビートたけしのウソップ物語（瑞雲舎）』ではもっとユニークな結末が書かれています。著書の中ではアリが夏の過労で寝込んでしまい、冬が来る前に死んでしまっています。そして「キリギリスはアリが貯めた食料を食べて楽しい冬を過ごしました」となっているのです。こうなると教訓も大きく変わってきますね。真面目に働くより要領よく生きる人のほうが得をすることになります。

しかし多くの日本人はそういう生き方を好みません。たとえ損をしたとしても真面目に働いて死ぬんだったら、それが美徳だと考える人もいる。そしてそう考える人はキリギリスのような生き方をする人を否定します。「私も頑張っているんだから」と言って頑張らない人を責め、他の人にも同じように辛くても頑張ることを求めます。頑張るアリでありたいと思う人は自分の中に存在する怠け者のキリギリスを嫌います。そしてそんな頑張り屋さんがうつになるケースが多いのです。

人はずっと頑張り続けることなんてできません。どこかで息抜きすることも大切です。

でも「休まず頑張らなければ！」と考える人は休む自分も認められません。少し休む程度のことでも怠けていると捉えてしまい、さらに自分を追い込んでしまうのです。

人生には何事もバランスが大切です。確かにひとむかし前なら「怠けるな。頑張れ」でなんとかなったでしょう。でもいま時代は変わり、どれだけ頑張っても思うように報われない厳しい時代です。だから「怠けない程度に頑張れよ」くらいがちょうどいいのかもしれません。

もともと人生に正しいも間違いもないのです。同じことをしても時と場合によってまったく正反対の結果がでることもあります。あきらめないで頑張ればなんとかなる時もあれば、あきらめないで頑張ってもどうにもならない時があるのです。あきらめないで頑張ってもどうにもならない時に「あきらめたらダメだ」と言って頑張りすぎたら、本当に過労死してしまいます。上手にバランスを取らないと生きることはできません。

だから仕事も遊びも楽しむことが大切ですね。

アリのように働く時には働けばいい。だけどキリギリスのように遊ぶ時間も大切にしよう。

あきらめの5

あきらめるとは明らかにすること

「諦める」という言葉は現在、途中で投げ出すというようなちょっと後ろ向きな表現としてネガティブな意味で使われることが多いです。「あぁ、もう諦めた」と言うと無気力になっているように感じますし、自暴自棄になっていると捉えられるケースも多いですね。

しかし「諦観《たいかん》」や「諦聴《ていちょう》」という熟語を見てわかるように、この〝諦〟という字は「つまびらかにする」や「聞く」という意味も持っています。「諦観」というのは〝真理を明らかに見きわめる〟という意味で、「諦聴」とは〝耳を傾けハッキリ聞く〟という意味です。

このように本来〝あきらめ〟という言葉は無力感や自棄を意味するものではなかったのです。どちらかというと、自らをみつめ、明らかにすることを示して使われていたものなのです。

これは万葉集を紐解くことでも見えてきます。

万葉集には**「秋の花種々なれど色ごとに見し明らむる今日の貴さ」**と記されています。これは「人々は秋の野に咲き乱れている花のようにそれぞれ違うけれど、その違いをよく見て明らかにできた今日は貴重な機会だった」といった意味合いの歌です。ここで記されている「見し明らむる」は〝十分に見て明らかにする〟や〝心を晴れやかにする〟といった意味になっていることがわかります。

つまり元々はどちらかというとポジティブに使われていた「あきらめる」という言葉が時代の流れと共にネガティブな意味合いを持つようになったということです。諸説ありますが、明治時代になってからようやく「あきらめる」に〝断念する〟という意味が伴ったと言われています。

このように考えたら、あきらめるという言葉はそれほどネガティブだとは言えません。どちらかというとむしろ置かれた状況や物事を受け入れ、乗り越えて楽しむという積極的な姿勢とも捉えられるのではないでしょうか？

16歳の時、僕は初めて一人暮らしをしました。

幼い頃は仲が良かったはずの父と母は、もう修復不可能な状態で口を開いたらいつも喧嘩ばかりしていました。僕はそんな家の中にいるのがとても苦痛で、早く家を出ることばかり考えていたのです。家の中に僕の居場所はない。だからあきらめて一人で暮らそう。

そして16歳の時、鉄筋工事の仕事を始めた僕は親方にアパートを借りてもらいました。

そこは六畳一間の築40年は経っている木造アパートで、風呂はなく、トイレは共同便所で汲み取り式。いわゆるボットン便所です。エアコンもなかったので窓をあけっぱしにしていたため、夏場は特に臭いがきつかったのを覚えています。網戸のない窓からは蚊が入ってくるし、そこらじゅうに隙間があって、そこから出現するゴキブリたちと何度も戦いました。

それでも当時の僕は、一人で住めることがとても嬉しかったのです。

親方から食費を前借りしては、その日のうちに全部パチンコで使い果たしたり、それを親方に言うと怒られるので内緒にして塩と水だけで何日か過ごしたりしました。

携帯電話がまだ普及していない時代。ポケベルを持っていましたが、電話代すらもパチンコで使い果たしていたので、ベルが鳴ってもほとんど誰にも電話できませんでした。

当時の僕の部屋にあったのは冷蔵庫と布団と扇風機。そして言葉を書きためるためのノートだけ。

「いつかここから這い上がってやる」

そう思いながらも僕は置かれた状況や物事を受け入れ、前向きにあきらめながら過ごしていました。

そうした〝あきらめの精神〟がやがて、さまざまな試練を乗り越えて楽しむという積極的な姿勢へと繋がったのだと思います。

言葉は生き物と言われています。使われなくなった言葉は死んでいきますが、使い方次第では強く生き続けるのです。

だからどうせなら「あきらめる」という言葉を前向きに捉えて、心を晴れやかにする意味で使ったほうがいいですね。「あきらめる」とは投げ出すことだけを指すのではなく、明らかにすることでもあるのだから。

あきらめるとは自らを見つめなおすことでもある。明らかに見れば心は晴れやかになる。

あきらめの6

「Let《レット》 It《イット》 Go《ゴー》」はあきらめること

「はじめに」でお話しした映画『アナと雪の女王』の主題歌『Let It Go（レット・イット・ゴー）』。これを「もうほっといて」ではなく「ありのままの〜♪」と意訳したのはとてもステキだと思います。実に前向きな表現であり、それがやがて愛に溢れた女王となるエルサにピッタリあっていると感じました。

歌を聴いた人の中には「ありのままというのは正しい訳し方ではない」という人もいるかもしれません。でも日本語訳をうまくリズムに乗る言葉で表現するのは凄く難しいことだと思います。そして観る者を楽しませることに全力を注ぐ映画では、正しさより楽しさのほうが大切だと感じますね。何より「ありのままの〜♪」と訳したほうがポジティブに取りやすいし、聴いているほうも楽しいんです。だから聴いた多くの人の心が明るくなり、口ずさんでも前向きになれる気がするんでしょうね。

実は「Let It Go」には「あきらめる」という訳し方もあります。あきらめると聞くとネガティブなイメージを持つ人が多いですが、エルサを見ているとそんなに悪いものでもないという気がしてきませんか？

エルサは自分の持っている力を封印して生きてきました。そのためにお城の部屋の中に閉じこもって、誰とも会わず必死に隠してきたのです。妹であるアナにも言わずにエルサは苦しんできました。でもその隠していた力が知られてしまいます。

エルサはお城から飛び出しました。そして自由になります。そう、エルサは今までのように自分の力を抑え、自分の気持ちを抑えて生きていくのを良い意味で〝あきらめた〟のです。しかしその時のエルサの力で町は雪と氷に覆われてしまいました。

やがてエルサは妹のアナと再会します。アナの氷を溶かしたことで心のバランスが回復し、大切なのは〝愛〟であると知るのです。最後にエルサは女王として自分の力を愛を持って使いこなせるようになりました。

自分の「ありのまま」で生きられるようになったエルサはもう苦しんでいません。かつてのようにお城を閉ざして部屋の中で隠れる必要も、持っている力を封印する必要もなくなりました。自分も町の人も喜んで生きられるようになってハッピーエンドになります。

そしてエンドロールで再び『Let It Go』が流れるのです。

そう「ありのままの～♪」と明るくポジティブな歌声で。

やりたいことを貫き通すだけがありのままではない。無理して「こうであろう」とか無理して「こ

うなろう」とするより、もともとできることを生かしたほうがいい時がある。

そのためには立ち止まって考える時間も大切になってきますね。

人は欲を持つ生き物です。もちろんそれが悪いと言いたいわけではありません。でも欲があるからこそ、あきらめることができずに苦しんでしまう。中には世間体を気にしてしまう人がいたり、周りの目を気にする人もいる。あきらめるべき時が来ているのにあきらめられないと苦しんでしまったりもする。

でも「もういいんだよ」「しゃーないやんか」「無理しなくていいんだよ」ってニュアンスで前向きにあきらめる道を選んでみるのもいいかもしれませんよ。もしかしたら、そこから開ける道だってないとは言いきれないのですから。

〝Just let it go at this.〟これは「まあ、これでよしとしようか」ってことです。

執着しないで手放す勇気、何でもかんでも抱え込まないであきらめる勇気を持つと不思議と心は軽くなります。そして努力して我慢して苦しんだ後の解放は大きな成長にも繋がります。

かつての僕は歌手になるという夢を持っていました。

中学の頃からノートに詩を書いたり、家ではギターを練習したりしていました。しかし中学2年生のある日、僕が学校から家に帰るとそのギターがへし折られていたのです。

母親はひと言僕にこう言いました。

「邪魔《じゃま》だったから！」と。

ショックでした。しかし僕はそれからも詩だけは書き続けたのです。歌手になるという夢は叶いませんでした。でも今、僕はこうして自分の言葉で一冊の本を書いています。

そう、僕は執着しないで手放す勇気を持ち、前向きにあきらめたことにより別の道を開くことができたのです。

なりたい自分になれないからといってもがくのではなく、それをそのまま受け入れる。落胆するのではなく、あきらめる（明らかに究める）。

それはそこからスタートするために必要なプロセスではないでしょうか？

できることを生かせる方法を探すというあきらめ方もある。
それは投げ出すことではなく、ありのままを受け入れることだ。

あきらめの7

あきらめないと手に入らないモノがある

「あきらめるのは簡単だ」と言う人がいますが、本当にそうでしょうか？

猿を捕獲する方法のひとつとしてこんな逸話があります。

猿の手がちょうど納まるような壺を用意して、その中に猿の大好物を入れておきます。すると猿がその壺の中の大好物を取ろうとして手を入れます。しかし握ったままでは壺から手を抜くことはできません。もちろん、握っている手を放せば手は抜けます。だけど大好物を手放したくない猿はあきらめられません。やがて人間がやってきて捕獲されてしまうのです。

「そんな、アホなー！」と思った方も多いかもしれません。

しかし僕たち人間も同じようなところがあります。

努力して頑張って夢の一歩手前まで来ている。

でも、どうしたって手に入れることはできない。

そんな時あなたならどうしますか？

このままあきらめないで頑張ってもダメだとわかった時には、あきらめるしかありません。でもあきらめきれずにいつまでも手を放さない人がいます。

「もうこの手に掴んでいるんだ」

それはわかっています。でもそれは掴んだままでは手に入らないモノかもしれません。

既に掴んでいるものをあきらめるのは勇気がいることです。周りの目が気になったり、プライドだってあるでしょう。しかしダメな時はキッパリあきらめる勇気を持つことも大切です。あきらめないで掴んだままだと手はボロボロになるかもしれないし、大好物だって腐ってしまうかもしれません。

だから、どうやったって無理だとわかったなら掴んでいる手を放すことです。

そうすれば、「そうか！　壺をひっくり返せばいいんだ」と気づくことができるでしょう。

これは自分が今いる場所にこだわって、離れられずにいる人に対しても同じことが言えます。その場所にいては無理でも、新しい場所に行くことで可能になるケースが多々あります。だから、そのまま同じ場所にいることに執着するのではなく、新しい環境に身を置いてみればいいのです。

実は僕も生まれ育った町を離れて人生が変わりました。

暴走族を引退してから、しばらくすると仲間たちがそれぞれ新しい道へと進んでいきました。結婚して家庭を築いた者もいれば、夢に向かって進んでいった者もいます。

でも僕だけは何も変われなかった。いや、自ら変わろうとしなかったのです。壺の中に手を突っ込んで放さないまま、自分は変われないと嘆いてばかりでした。

そして自分のやってきた過去の行いを悔いて、そんな自分を責めて心はうつ状態。

何のために生まれて、何のために生きているのか？

もう本当に何も考えられなくなるほど、僕のメンタルはズタボロになっていたのです。

そこで僕は生まれ育った町を離れる決意をしました。このままここにいても自分は変われないとあきらめたのです。ここで僕はようやく壺から手を出しました。そして親や兄弟、友人の誰にも告げず、住んでいた町を離れました。

新しい町に来た僕は生まれて初めてガムシャラに働きました。これまでの自分を変えたくて必死だったのです。

誰とも連絡を取らない。過去を振り返らない。前だけ見て進む。

壺に手を入れていても取ることはできない。そうやってあきらめた時、新しく見えたものがありました。それは未来の自分の可能性です。


「こんな僕でもここから何かできるのではないだろうか？」


そう自分に問いかけて、僕は学生時代に一切やろうとしなかった勉強をすることに決めたのです。

そして独学で勉強を始め、高等学校卒業程度認定試験（旧大検）に合格しました。

少しずつ自分に自信がついてきた僕は独学で心理学とカウンセリングを勉強し、癒しきれなかった自分の心を自分でカウンセリングし始めます。

そして２０１０年、日本メンタルヘルス協会の心理カウンセラー・衛藤信之先生と出会いました。

初めて衛藤先生と出会った時、僕は「こんなカッコいい大人がいるのか！」と衝撃を受けました。

そして衛藤先生の元で本格的に心理学とカウンセリングを学び、僕は心理カウンセラーとなったのです。


そこで僕は新たな仲間たちと出会いました。あの時あきらめて手を放し、壺をひっくり返したことにより、本当に欲しかったモノを手に入れることができたのです。

掴んだままでは手に入らないモノも、一度手放すことで手に入れられることがあります。同じようにあなたにもあきらめなければ手に入らないモノがあるのではないでしょうか？

あきらめなければ手に入るとは限らない。
あきらめることで手に入れることができるモノもある。

あきらめの8

インディの父ちゃんが見つけたモノ

小さい頃に観た映画で印象に残っている作品があります。

それはスティーヴン・スピルバーグ監督作品『インディ・ジョーンズ／最後の聖戦』という映画です。金曜ロードショーなんかでも放送されていたので、観たことがある人も多いかもしれませんね。

最近になってＤＶＤを購入して観てみたのですが、むかし観た時には理解していなかった部分も多く感じました。

インディ・ジョーンズというタイトルですが、名前はインディアナ・ジョーンズで、実はこれも本名ではなくあだ名だったのです。インディの本名はヘンリー・ジョーンズ・ジュニアで、父ヘンリー・ジョーンズにそのまま「ジュニア」とつけた名前だったのですね。

もともとインディの父親は聖杯研究に没頭して家庭には無関心でした。そして妻が重病であることに気づかず死なせてしまった過去もあって、インディとは確執を持っていました。だからインディはそんな父と同じ名前を名乗るのを嫌がり、自らをインディアナと名乗るようになったのです。このインディアナという名前はペットとして飼っていた犬に父がつけた名前だったそうなのですが…。

インディは父親がイエス・キリストの聖杯を探して行方不明になったと知り、父親を探しに行きます。なんとか父親と再会し、一緒に聖杯の探索を始めました。父親は息子であるインディのことを「ジュニア」と呼びます。もちろんそれがインディの本名だからです。でも自らを「インディアナ」と名乗っているインディは「ジュニア」と呼ばれるのを嫌がります。

そんなこんながあって、やがて聖杯を見つけだすことができたのですが、同じように聖杯を探していた女スパイのエルザが宮殿から聖杯を持ち出そうとしてしまいます。すると宮殿が崩落し始め、床に穴が開き、そこに落ちそうになったエルザをインディがなんとか手を掴んで助けようとしました。片手で手を掴むエルザに対してインディは「両手でオレの手を持て」と言います。しかしエルザは足もとにある聖杯を取ろうとして言うことを聞きません。インディは言いました。「もうダメだ。聖杯はあきらめろ！」しかしエルザはあきらめきれずに聖杯を取ろうとして、そのまま聖杯も取れずに穴の底に落ちていってしまうのです。

その勢いで今度はインディが落ちそうになった所、今度は父親がインディの手を掴みます。先ほどのインディとエルザと同じ状態になったのです。そこでさっきまでエルザに「聖杯はあきらめて、両手でオレの手を掴め」と言っていたインディも片手で自分の足もとにある聖杯を取ろうとしてしまいます。父親もインディに聖杯はあきらめるように言いますが、インディは「あと少しで届くんだよ」と言ってあきらめません。

その時、父親がやさしくこう言うのです。

「インディアナ、あきらめなさい」と。

そしてインディも我に返り、聖杯をあきらめ、父親の手を掴んで脱出します。

実はこの時、父親自身もあきらめたのです。ずっと「ジュニア」と呼んできたインディのことを「インディアナ」と呼び、生涯をかけて追い求めてきた聖杯をあきらめて親子で生き残る道を選びました。

そして最後にインディは父親にこう尋ねます。「父さんは何を見つけたんだい？」と。

父親は生涯をかけて聖杯を探してきました。でもそれをあきらめたからこそ、最も大切なものを見つけることができたのです。ここでは何を見つけたかは書かないことにします。気になった方はぜひ『インディ・ジョーンズ／最後の聖戦』を観てください。

生涯をかけて追いかけてきたものをあきらめたからといって、そこで人生が終わるわけではないのです。あきらめたからこそ、見つけられるものがあります。あきらめたからこそ、気づけることもあるのです。

だからとことんやり尽くして、もうあきらめるしかないって状況なら、潔くあきらめよう。そこから見つけられるモノもきっとあるはずだから。


人は始める大切さを重視するあまり、やめる大切さを軽視する。

しかし何かをやめるのは、時に始めることより何倍も勇気がいる。

あきらめの9

あきらめた先に幸せがある

「大好きな人と結婚して幸せな家庭を築いて過ごしたい」

そう思って何年も付き合っていた恋人に振られた。自分はあきらめられないでいるのに相手はもう新しい恋人と幸せそうに暮らしている。だからといって、その人にしつこくアプローチしたら今度はストーカーになってしまうかもしれない。

こんな時あなたならどうしますか？

時には相手の幸せのために身を引く「あきらめる勇気」も必要ですよね。

相手のことが大好きであるなら、なおさら相手の気持ちを大切に考えて行動するべきだし、本当に大好きな人の幸せを願うなら、たとえその人との恋はあきらめても、その人が新しい恋人と幸せに過ごすことを大切にしてあげるべきでしょう。

でもその相手との関係をあきらめたからといって自分自身の「大好きな人と結婚して幸せな家庭を築いて過ごしたい」という目的まであきらめる必要はありません。あきらめたからこそ、次にも進めます。それにひとつの恋と綺麗に決着をつけたなら、きっと次の恋の始まりもあるはずです。

しかし人は長い時間をかけて努力すると、今までしてきたその努力が水の泡になってしまうことを恐れて、時に合理的ではない選択をしてしまうことがあります。

「もし別れたら、これまでの関係が無駄になる」

「もし諦めたら、これまでの苦労が無駄になる」

そう言って自分が努力に費やした時間を回収しようと、さらに時間を無駄にしてしまうのです。こういった心理現象は**「コンコルド効果」**と呼ばれています。

恋愛においては「今まで付き合った時間を無駄にしたくない」という気持ちだけで、関係を続けようとしてしまったりする人のことを指します。

確かにこれまで使った時間やお金、そして精神的な部分を考えたら、関係を終わらせることはもったいないと感じてしまうかもしれません。


でも、本当はどっちがもったいないことでしょう？

少し考えてみてください。

たとえば、二時間の映画のチケットを１８００円で購入したとします。

映画館に入場し、映画を見始めたが10分後に映画があまりにもつまらないことに気づきました。

その映画を見続けるべきか？

それとも途中で映画館を退出して、残りの時間を有効に使うべきか？

あなたはどう思いますか？

もし映画を見続けた場合には、チケット代１８００円と上映時間の2時間を失います。

しかし映画を見るのを途中で止めた場合には、チケット代１８００円と退出までの上映時間の10分間は失いますが、残った1時間50分は有効に使うことが可能になります。

この場合、チケット代１８００円とつまらないと感じるまでに費やした10分は、どちらの選択肢を選んだとしても回収できない費用です。

これを**「埋没費用《まいぼつひよう》」**と言います。

埋没費用はどちらを選択しても回収できません。それなのに時間を浪費してまで、つまらないと感じる映画を見続けることは合理的な選択と言えるでしょうか？　それよりも途中で退出して残りの時間を有効に使うほうが合理的な選択ではありませんか？

多くの人は「払った１８００円がもったいない。元を取らなければ！」などと考えます。そしてつまらない映画を見続けることによって、更に時間を浪費してしまいがちになるのです。

パチンコなどのギャンブルを例にあげれば「●万円もつぎ込んだんだから、そろそろ当たるだろう」とさらにつぎ込む人ですね。投資で言うなら、継続が損失拡大に繋がるとわかっていてもこれまでに投資した金額や時間などを惜しんで、損失を確定させることを忌避して投資を継続する人のことを言います。

では先ほどの「今まで付き合った時間を無駄にしたくない」という気持ちだけで、関係を続けようとする人の恋愛で置き換えて考えてみましょう。

たとえばあなたには5年付き合っている恋人がいるとします。しかし、その相手とは将来結婚しようとは考えられません。本心では別れたいと思っている。だけど、どうしても別れを切り出すことができない。これまでの5年間を振り返ってみても、相手との恋愛は決して悪いというものでもなかったとします。

さて、関係を続けるべきか、別れるべきか？

もし相手との関係を続けた場合、付き合った5年間だけでなく、結婚することはないとわかっているのに関係を続け、やがて別れるまでの時間を失うことになります。

しかし相手と別れた場合には付き合った5年間は失いますが、これからの時間は有効に使えます。その時間を自分の理想の結婚相手を探す時間に費やすこともできるでしょう。

「今ここであきらめてしまったら、これまで自分が費やしてきた時間やお金、努力が全部無駄になってしまうんじゃないか？」そう考えることもあるかもしれない。だから「もう少し続けてみよう」ってなる。これがコンコルド効果に陥った状態です。

目標を達成するまで頑張り続けるのは大事なことです。だけど、ひとつのことに固執しすぎたら、抜け出せなくなってしまうことがあります。

あなたも損するとわかっていながら「今さらやめられない」と言ってやめられずにいることってないでしょうか？


過去に費やした時間や努力はいったん忘れてしまいましょう。

その上でどうするべきかを選択すればいいのです。


結果だけがすべてじゃありません。だからあなたがこれまで費やした時間や努力は決して無駄にはなりません。前に進む努力をした上であきらめるなら、あきらめることは前進することに繋がります。

あきらめることが成長と未来へ繋がっていくのです。

だからポジティブにあきらめて、前を見て進んでいきましょう。


あなたには費やした努力以上の価値がある。

あなたがあきらめた先に幸せがあるのだから。

あきらめの10

チャンスの女神はあきらめた人に微笑む

イソップ寓話に『すっぱいぶどう』というお話があるのをご存知でしょうか？

ある日お腹をすかせたキツネが歩いていると美味しそうなぶどうの木がありました。キツネはぶどうを取ろうとジャンプしました。しかし届きません。何度かジャンプしたり、木を揺らしたりしましたが、それでもぶどうを取ることはできませんでした。そこでキツネは「どうせあのぶどうはすっぱいんだ。まずくて食べられるものじゃない」と言って去っていきましたとさ。というお話です。

このように満たされなかった欲求に対して、自分に都合のいい理屈で埋め合わせしようとする心理メカニズムをフロイト心理学では**「防衛機制《ぼうえいきせい》の合理化《ごうりか》」**と言います。本当は手に入れたくてたまらないのに、努力しても手にすることができない。だから「価値がないんだ」とあきらめて心の平安を得る心理のことです。この『すっぱいぶどう』のことを英語圏では「Scur Grapes」と言って、負け惜しみのことを指します。

確かに「どうせあのぶどうはすっぱいんだ」と言ってあきらめるのは負け惜しみのように聞こえるかもしれません。しかしそれがキツネにとって上手なあきらめ方だったとも言えます。

もしキツネがこのぶどうに執着して、あきらめないでジャンプし続けたらどうなったでしょう？

「あきらめたらダメだ！」と言って日が暮れるまでジャンプし続けていても取れないものは取れません。そして「あきらめなければ不可能はない」と言ってジャンプし続けても確実に体力は奪われていくのです。次第にジャンプ力はなくなり、喉も渇き、疲れ果ててしまうでしょう。しかも野生の世界ですから、疲れきったところをオオカミに狙われるかもしれません。体力が奪われたあとでは逃げることもできず、キツネはオオカミに食べられてしまうかもしれないのです。なんとかオオカミから逃げることができたとしても「あきらめたらダメだ」って、そのぶどうの木だけに執着するのは如何なものでしょう。何日もあきらめないでジャンプし続けて餓死してしまったら、元も子もありません。

もちろん、あきらめなければ取ることができる可能性もあります。本屋さんで並んでいる成功哲学書や自己啓発書ではそうやって〝あきらめないこと〟を勧めている書籍も多いですね。しかし届かないものは届かないとあきらめることで次のステップへと進むことができるのです。もう少し先へと歩いていけば、低い位置にぶどうが実っている木が見つかるかもしれません。だとしたら、あきらめないことでその先にあるチャンスを逃してしまっていることになります。だったら負け惜しみでも言いわけでもなんでもいいから、あきらめて進んだほうがいいでしょう。

実は人間もこうやって無意識のうちに〝本当は欲しいモノ〟をコントロールして、現実と折り合いをつけて生きています。それがフロイトのいう防衛機制の合理化です。無理やりでも理由をこじつけてあきらめるのは、生きていくために必要な人間の知恵なのです。

しかし合理化というのは心が分裂したり、崩壊したりすることを防ぐ防衛機制なので**一時的な「心の安全装置」**にすぎません。一時的につらい現実から目を背けるためだけなら非常に有効ですが、やはり現実逃避という側面もあるためデメリットもあります。

キツネの場合だとキツネは食べたかったぶどうを「すっぱい」と思うことによってあきらめました。しかし実際には食べていないので、本当にすっぱかったかどうかはわかりません。キツネは無理やり「すっぱい」と思うことで欲望を抑え込んだのです。でもそれは一時的なものなので「本当はおいしかったかもしれないな…」という気持ちがあとになってから襲ってくる可能性も否定できません。

ではここで人間社会でありがちな合理化を考えてみましょう。

キツネにとってのぶどうを人間で考えてみたら何が思い浮かびますか？

お金、物質、地位、名声、恋愛、といった感じですね。

ではぶどうを恋愛だと思って考えてみます。たとえばあなたに好きな異性がいるとします。しかし告白して振られてしまいました。そこでキツネのように無理やり理由をこじつけて一時的に合理化するとしたら「別にホントはたいして好きじゃなかったし！」といった感じになりますね。もしくは「実はあの人メッチャ性格悪いんだわ」といった感じになるかもしれません。でも欲しいけど手に入らないからといって価値を否定したとしても、永遠に自分の心をごまかして生きることは難しいでしょう。

もちろんそれでも前に進めるならいいと思いますよ。あきらめないでその場に居続けたり、ストーカーになったりするより、価値を否定してでもあきらめて前に進んだほうがいい。でもどうせなら、前向きにあきらめる方法を選んだほうがいいですよね？

そこで〝諦念《ていねん》〟という言葉があります。
諦念とは道理を悟って迷わない心のことを言います。

先ほどのキツネが「どうせすっぱいに決まってる」と言ってあきらめたのに対して、諦念とは「あのぶどうは美味しいかもしれないけど、届かないのだから仕方がない」とあきらめることです。「あのぶどうはすっぱい」と思うのではなく「あのぶどうは手に入らない」という事実を明らかに見ること。それが諦念です。「あのぶどうはすっぱい」と思うだけでは事実と向き合っているとは言えません。だって本当は甘くて美味しいのかもしれないのですから。だから「あのぶどうはおいしそうだけど、食べることはできない」というのが事実と向き合った上であきらめているといえるのです。このように事実を明らかにしてそれと向き合ったら、執着せずにあきらめることができるようになります。

だから何も最初からあきらめる必要なんてありません。手に入るかわからないなら、2、3度ジャンプして試してみたらいいのです。何も挑戦するなってことではないのですから。

しかしやってみてダメなら、あきらめて次に進むことも考えなくてはいけません。キツネのようにやれる範囲の挑戦をして、それでもダメならあきらめたほうがチャンスはあります。

次のステップへと進む体力と元気さは残しておかないと、チャンスを手にすることができなくなるので気をつけたほうがいいですね。

もちろん、中には「そんなもん、気合いと根性でなんとかして取ったらええんや！」と言って根性でなんとかするキツネもいるかもしれません。

これを世間では根性論と言います。

「待っていたらいいんだ。チャンスの女神はあきらめない者に手を伸ばしてくれる」というキツネもいるかもしれない。

これを世間では神頼みと言います。

確かに待っていたら、たまたま鳥が突いた弾みでぶどうが落ちてくるかもしれません。通りかかった人間がハシゴに登ってぶどうを取ってくれるという可能性もないとは言いきれない。どの考え方が良いとか悪いとかってわけではありません。そもそも考え方に正解も不正解もないのですから。

でもそれだけの根性があるのなら、潔くあきらめて次のステップに進んだほうがいいと思いませんか？　神頼みをするのなら、新しい一歩を踏みだしてからのほうがいいと思いませんか？　チャンスの女神は後ろ向きであきらめない人に微笑んではくれません。なぜならチャンスの女神は前向きにあきらめた人にしか見えないのですから。

「あきらめたらダメだ」といって過ごした時間は戻りません。時間は返ってこないと思うと人は、なおさらその使った時間を無駄にしたくないという気持ちがでてきます。これは先ほど〝つまらない映画は見続けるべきか？〟で説明した心理「コンコルド効果」です。

根性論や神頼みはやめろ！　とまで言いませんが、それよりもたとえ一時的でも合理化してあきらめた上で事実と向きあったほうが、あなたの求めているものを手に入れられる可能性は高いと言えるでしょう。

チャンスの女神は後ろ向きであきらめない人に微笑むのではない。前向きにあきらめた人に微笑んでくれるのだ。

2章

あきらめる力が求められる時代

あきらめの11

働き者ばかりだと日本は壊滅する

働いてばかりいると思われている働きアリですが、実は本当に働きアリばかりだと全員が過労死してしまいます。

進化生物学者の長谷川英祐さん著『働かないアリに意義がある（メディアファクトリー）』によると、実は働きアリの7割はボーっとしていて、さらに1割のアリは一生働かないことがわかっているそうです。そしてそんな働かない働きアリがいるからこそ、組織は存続できているといいます。**「2：8の法則」**や**「パレートの法則」**という言葉を聞いたことがあるでしょうか？

これは全体の数値の大部分は、全体を構成するうちの一部の要素が生み出しているということです。会社などでは「売上の8割は従業員のうちの2割で生み出している」というふうに使われたりします。

実はアリの世界でもこの法則が存在すると研究で証明されています。アリの食べ物の8割は2割のアリが集めてきているのです。そこでその2割のアリだけを取り出して集団にしても、やはり食べ物の8割を2割のアリが集めるようになるのだそうです。つまり〝働きアリ〟と思われている8割のアリは実は〝怠けアリ〟で、働き者の2割が食べ物の8割を集めているということになります。そして〝怠けアリ〟だけを集めても同じように〝怠けアリ〟から2割の〝働きアリ〟が出現し、その働き者になったアリたちが8割の食べ物を集めてくるようになるのです。

この法則はハチの世界でも同じだそうで、人間でも同じことが言えるかもしれませんね。

さらにハチやアリにも過労死があることもわかっているといいます。そうなると先ほど紹介した、たけしさんのウソップ物語『アリとキリギリス』の結末は実に的を射ていると言えますね。

人間の世界でもみんなが同じように疲れると社会は持続できなくなります。現在は多くの人がうつになり、それでもキリギリスになってはいけないと頑張ろうとして苦しみます。

もちろん頑張ることは苦しいことばかりではありません。自分の心掛けひとつで、楽しく頑張る工夫だってすることができるでしょう。

でも苦しい時には、苦しいと認めたほうがいい。そしてあきらめたほうがいい。ここで言う〝あきらめ〟は「自分はうつだから、もうダメだ」と投げだすことではありません。


「自分はうつだけど、それでいい」と明らかに見ることです。

「うつになったら人生が終わり」ってわけではありません。逆に「うつになったのを機会にこれまでのあきらめないで頑張る生き方をやめ、自分のペースで生きられるようになった」というクライエントを僕は何人も知っています。

今の日本ではうつの人にはそれなりに生活できるお金を用意してくれる制度があります。それを利用すればいいのです。そしてやがて心が回復したら、また働き始めればいいのです。

だから今はあきらめてもいいのです。苦しんでいる自分を認めて許してあげることです。それができずに多くの人が自分を責めてしまっています。でも自分を責めれば責めるほど生きにくくなり、余計に苦しくなってしまうのです。

人間社会にも「2：8の法則」が存在します。今うつとは無縁で頑張って働くことができている人だって、この先どうなるかなんてわかりません。誰かが困った時には誰かが助けてあげればいい。**自分ひとりで何ともできない状況なら、他人を頼ってもいい**のです。もっと協力しあって、もっと助け合えばいいのです。それで世の中はうまいことバランスを取れるのですから。

もちろん元気に働ける人は精いっぱい働くのが一番。それぞれが自分の〝今ここ〟を生きることが大切です。働きすぎの働きアリになる必要はありません。まず自分は自分だと受け入れてあげることから始めてください。

頑張っている人たちみたいに頑張れない自分でもいい。
あなたは存在しているだけで意義があるんだから。

あきらめの12

24時間、戦う気ですか？

敗戦後の日本は暫く躁《そう》状態が続きました。躁状態というのはうつ状態の対局にある症状で、異常に気分の高揚した状態が持続することをいいます。日本は本当に強く逞しい国です。戦時中であれほど「あきらめるな。耐えろ。文句を言うな」と言われながらも、敗戦後には焼け跡のどん底から這い上がりました。貧しい生活に耐えて、必死で復興を目指して頑張ってきてくれた我々の祖先には本当に頭が下がります。

復興に向かった日本はやがて世界に例のない高度経済成長期に入っていきました。その後、大規模な環境破壊を犠牲にしながら、やがて安定経済成長期に入ります。そしてバブル期には「いけいけドンドン」の躁状態、テレビでは「24時間戦えますか？」なんてCMも流れていたくらいでした。当時は流行語にもなりましたが、今そんなことを口に出したら「過重労働を煽《あお》るもの」なんて言われてブラック企業扱いされかねません。

頑張れば見返りが十分期待できた時代だからこそ、誰もが躁状態でもやっていくことができました。しかし、躁状態というのは放置しておくと極端なうつ状態に落ち込むこともあるため危険です。やがてバブルの崩壊後、日本社会はまさに躁からうつへと転じていきました。その時代の流れを読み取り

ＣＭでも「働いて、働いて、やっとここまで来たけれど、働くだけが人生か？」というふうな「頑張りすぎないでいいんだよ」というメッセージに変わっていきました。

どれだけ頑張ってもなかなか厳しい状況を変えることはできないのが現代の日本です。**あきらめなければなんとかなった時代を生きた人たちの価値観は今の時代ではもう通用しなくなっています。**

バブル期に「24時間戦えますか」と歌った栄養ドリンク『リゲイン』のＣＭですが、２０１４年には「24時間戦うのはしんどい」に変わっていました。さらにキャッチフレーズも「3、4時間戦えますか？」とアレンジされて今風になっていました。時代の背景を考えるとこれは自然の流れです。そもそも人間が集中して働ける時間を考えたら、3～4時間くらいがちょうどいいのです。そのうち「1時間くらい頑張ったら、30分くらい休む時間を持とう」とかになる時代も来るかもしれませんね？でもそれでいいと思います。努力して頑張るのも、あきらめないで続けるのも確かに大切なことかもしれません。だけどそれより大切なのは人の心です。だから3、4時間でも頑張れたら、あとは心を休める時間を作りましょう。

あきらめないで頑張るだけが人生か？
いいや、あきらめて頑張らなくても人生だ。

あきらめの13

月月火水木金金

「あきらめないで頑張ればなんとかなる」そう言われて育った多くの人が今でも〝あきらめなければ、なんとかなる〟や〝努力すれば不可能はない〟という価値観を受け継いでいます。確かにあきらめなければなんとかなるというのも半分事実です。真面目で勤勉と言われる我々日本の祖先はそうやって時代を切り開いてきました。しかし悲しいことですが、その勤勉である考え方を利用しようとする会社や人間も存在します。

社員の身も心もボロボロにするブラック企業のやり方は実に巧妙です。偉人の名言を引用したり、心に響くようなポエムで人を鼓舞します。そして「あきらめなければ、なんとかなる」と煽り、休みなし、残業手当なしで使い捨てのように若者を働かせます。

日本の海軍はその昔、日露戦争に勝利した後も休日返上で猛訓練を行っていました。その状況をひとりの海軍士官が「これじゃあ、まるで月月火水木金金だ」と言ったそうです。土日返上で働くことを実にうまいこと言ったものです。

現代の日本でも見えない所でこのような過剰労働を強いられている人が存在しています。外でごはんを食べている最中でもＬＩＮＥでやりとりし、ようやく家に帰ったところで携帯が鳴って呼び出されたりと、どこにいっても心を落ち着かせる時間を持てません。まるで24時間心の中で内戦を続けているような状態です。心の状態は身体にも大きな影響を及ぼします。ストレスと悩みにより、身体は悲鳴をあげ始める。しかしストレスと悩みが増えても、休みがなければ友人との交流もなくなります。やがて心の内戦に敗れた人たちは上手にあきらめて生きる道を選択できずに、自ら命を絶ってしまうのです。

自殺する人の数を知ると、まるで戦争のようです。

太平洋戦争で亡くなった人の数は約３００万人でした。これが日本最後の戦争で、戦争が終わった１９４５年8月15日から70年間、日本は一度も戦争をしていない平和な国となったのです。しかしこの10年の間だけ数えても､自殺した人の数はなんと３００万人を越えています｡太平洋戦争で亡くなった人たちの数より、ここ10年間で自ら命を絶った人の数が多いという事実。果たしてこれが本当に平和な国と言えるのでしょうか？

内閣府のホームページで記載されている自殺対策白書によると15歳から39歳の各年代の死因のトップが自殺になっています。15歳から34歳の若い世代で死因の1位が自殺となっているのは先進7カ国では日本のみです。この働き盛りの男性に自殺が多いというのも日本の大きな特徴です。

自ら命を絶つ人の背景にはさまざまな事情があり、とてもじゃありませんがひと言で言いきることなどできません。ブラック企業だけが原因でもないし、色々な事情があります。

ブラック企業に勤めて過労やストレスから自殺する人の話を聞くと「なんでその前に辞めなかった

んだ」と言う人がいます。しかし問題なのは「たとえブラック企業であっても頑張り続けることのほうが自ら命を絶つより重要だ」と考える人がいるということではないでしょうか？

相談できる大人がいない。もしくは相談してもわかってもらえない。ますます若者は自分の中だけに悩みを抱え込むようになります。大人たちも相談されたらつい自分の生きた時代と同じ考えでアドバイスしてしまいがちです。

「不景気だとか就職氷河期だとかいっても、あきらめずに頑張ればなんとかなるだろ！」
「頑張りが足りないだけだって。甘えていて、どうするんだ！」
「オレの時代もそうしてきたんだ。もっと努力しろ！」

そう言って相手を変えようとします。

しかし自分を保っているのでもギリギリの状態の時にあれこれ励まされたり、自分の育った時代を背景に突然アドバイスされて変化を求められても、到底受け止めきれるはずありません。だから心理カウンセラーは悩みを解決しようとするのではなく、相手の話をしっかりと聴いてあげます。その人を正そうともしないし、変えようともしません。

なぜなら、カウンセリングの現場では「変えようとする前にまず、わかろうとする！」というのが大切だと知っているからです。

もし、あなたが土日なしで働き続ける月月火水木金金の生活を送っているのなら、本当にそのままの生活を続けることが自分にとって幸せかどうかを見直してみてください。そして心を休ませる時間を持ち、自分のことをもっと気遣ってあげましょう。

心の中での戦争は終わりにしよう。
内戦状態を終わらせれば、心に平和が訪れるはずだから。

あきらめの14

ブラック企業はあきらめろ！

誰かから相談を受ける時には注意すべき点があります。まず相手を変えようとするのではなく、理解してあげるために耳を傾けることです。

相談された人の多くは「私が解決してあげなきゃ！」と思いながら話を聞いてしまいます。しかし相手の話を聞いている時に「私が解決してあげよう」と思った瞬間から、その人は相手の話を聴いていないことになります。

悩みが生まれた時には同時に答えも生まれています。その答えはその人自身の中にしかありません。だからカウンセラーは相手の話をじっくりと聴いてあげることで、相手が心を整理できるようにしてあげるのです。でも多くの人は自分の経験に基づいたりしながら、行き過ぎたアドバイ人をしてしまいがちです。

時代が変われば、過去の時代の価値観では生きられません。高度成長期やバブル期には通用したであろうアドバイスは、今の日本では通用しなくなっているのです。

働きたくても働けない。いくら働いても上がらない給料。固定化される社会階層と広がる経済格差。

2013年以降はブラックバイトという言葉も話題になり、その実態が社会問題となっています。あきらめないでなんとかなった時代は過ぎ、なんともならない時代でみんな懸命に生きています。それなのに「あきらめないで頑張ったらなんとかなるんだよ」なんて言うと、逆に苦しさは増すばかりです。「あなたは現実から目を逸らしているだけ」と取られても仕方ありません。

いい学校に行けば、いい会社に就職できる。安定した会社で働いて、結婚して子どもが産まれたらマイホームを購入する。頑張ればそれが可能だった時代は過ぎ、今ではそんな夢みたいな暮らしに多くの若者は憧れているのです。

しかしどれだけ憧れても、実現することはできません。なぜなら、安定そのものがなくなり、常に不安定と共に生きるのを強いられるのが現実だからです。

就職できない若者の中には頑張ってアルバイトをして生きる道を選ぶ者もいます。それなのに一部の大人は「早く就職しないとね」なんて言うもんだから、ますます若者は息苦しくなる。そして「就職しなければ」といってアルバイトをやめて、ブラック企業を選択せざるを得なくなるのです。

あきらめちゃいけない。頑張らなきゃいけない。でも現実は変わらない。誰もわかってくれない。弱音も吐けない。「まだ終わらないのか」「いつになったら終わるんだ」と心の内戦状態は続いて、やがて立ち上がれなくなってしまうのです。

確かに今の時代であっても、あきらめないで頑張ればなんとかなることもあるでしょう。
しかしそれは〝あきらめないで頑張ればなんとかなる〟んじゃなくて〝あきらめないで頑張ればなんとかなることもある〟ってことです。

僕は**どんなに苦しくてもやっぱり人間は生きなければならない**と思います。生きること自体をあきらめてはいけません。

だから生きるためなら働くことなんてあきらめてもいい。就職できなくてもアルバイトしているなら、ずっとアルバイトでもいいじゃないか。ブラック企業なんかで働いて、死ぬ寸前まで追い詰められる必要なんてありません。まずは生きることが何より大切なんです。

あきらめたら生きていけないという思いに縛られている人がたくさんいる。生きることに苦しんでいる人が増えている。でも〝あきらめないこと〟より生きることのほうが重要なんです。それを忘れないことが日本の自殺者を少しでも減らしていく上で大切だと僕は思います。

あきらめてもいい。頑張るのをやめてもいい。生きていることがまず何より一番大切だから。

あきらめの15

江戸時代の日本人の4割はフリーターだった

日本人はもともと真面目で勤勉であると思われていますが、実際はどうだったのでしょうか？　過去の文献を基に調べてみても、それが事実かどうかの証明はできません。しかし江戸時代の日本人はどうもその日ぐらしの人が多かったという説があります。

杉浦日向子さん著『一日江戸人（新潮社）』によると、江戸時代の江戸っ子は定職に就かない人が多かったそうです。なんと世帯主の4割がフリーターだったのだとか。月に8日も働けば家族3人が悠々自適の生活ができたと言われています。

食べる物がなくなるとひょこっと町に出ていって、薪割りなどをやって日銭を稼いでいたそうです。江戸っ子の実働労働は4時間くらいで、朝になって「食べる物がないよ」と言われて稼ぎに出ても午後2時には帰ってきたといいます。

まさに必要なときに必要なだけ働くという生き方ですね。夏は「暑いから働くのイヤだ」と言って休み、冬には「今日は寒いからヤメだ」と言って休む。少し大袈裟すぎるかもしれませんが、自分の懐具合に応じて仕事に行ったり休んだり、適当にやっていたのです。

「宵越しの銭は持たぬ」という言葉は江戸っ子の気風の良さを明確に表した有名な格言です。「明日は明日の風が吹く」とポジティブにあきらめて生きる江戸っ子ならではの言葉ですね。

このような〝食うために必要なだけ働く〟という江戸っ子は現代人の目から見たら決して勤勉とは思えません。ただの怠け者のように捉える人もいるでしょう。

しかし、それでも社会システムは現在よりしっかりと成立していたというからオモシロい。

周りから必要とされた時には成果をだし、それ以外はノンビリ暮らす。そんな暮らしの中でも浮世絵を買ったり、芝居を観たり、遊ぶことは尊いことだとする概念があった時代でした。それは**怠け者どころか逆にとても人間らしい生き方**であると言えます。

このように江戸っ子たちの間では先ほどの『アリとキリギリス』の寓話でいうところのキリギリスの生き方が〝粋《いき》〟だと考えられていたのです。

しかし、この江戸っ子の価値観は、明治時代になって大きく変化させられました。

明治政府を作ったのは江戸の武士ではなく、薩長出身の武士たちです。

明治政府は他の国に負けないように強い軍を作ること、そして国の発展を最優先事項にしました。

工場で製品をたくさん生産して輸出して儲けるという仕組みのためには、低賃金で働く人たちが必要になります。そして生産性が落ちないように真面目で勤勉に働く人たちが求められます。

だからこれまでの江戸っ子のように〝働きたい時だけ働く〟なんて価値観ではダメだったんです。それだと生産性がガタ落ちになってしまいます。

そこで〝真面目にコツコツ頑張って努力することは尊い〟という教育を始めます。小学校の義務教育化が行われたのも明治時代でした。もともと「宵越しの銭は持たぬ」が江戸っ子の心意気だったので、お金に執着しないことは江戸っ子の美徳でもあったのです。そこに労働の素晴らしさを叩き込み、勤勉さこそが美徳だと教え込みました。

それが見事に成功して安い賃金でも働くことを尊ぶ、明治政府にとって理想的な労働者が誕生したのです。

明治時代の歌人、石川啄木は歌集『一握《いちあく》の砂《すな》』でこのように歌っています。

「はたらけど　はたらけど　猶《なほ》わが生活《くらし》　楽にならざり　ぢっと手を見る」

これは現代でいうならば「どれだけ働いても働いても生活は楽にならない」というようなワーキングプアの心境です。と言っても石川啄木が貧困だったのは彼が浪費家で、借金してでも女遊びするほどの女好きだったからとも言われていますが…。

しかし石川啄木は他にも色んな歌を残しています。

たとえばこんな歌があります。

「友がみな　われよりえらく　見ゆる日よ　花を買い来て　妻としたしむ」

この歌からは「みんなが自分より偉く見えるけど自分は自分なんだから、妻との幸せな時間を楽しもう」という一種のあきらめの気持ちが伝わってきます。人は人、自分は自分だとあきらめていたなら、石川啄木の生き方も自分らしさを通した生き方だったと言えるかもしれません。

ともかく明治になり、政府が江戸時代の風習を徹底的に破壊したのは間違いありません。それは日本が変化する上で避けて通れないプロセスだったのだから仕方なかったのでしょう。そして明治政府の思惑どおり、真面目に働き続ける労働力を得たおかげで、日本は経済を発展させることに成功します。

努力して真面目に頑張っても得られるお金は少なく、楽しかった江戸時代を思い出す人もいたようですが、明治という時代はそれを許しませんでした。

古川愛哲さん著『江戸の歴史は大正時代にねじ曲げられた（講談社）』によると、明治の後半まで「江戸の世が懐かしい」と言うのは危険思想とされていたそうです。そして江戸時代を知る人がいなくなった頃に、政府に都合の良いように劇や小説が作られました。
その頃には誰も間違いを指摘できなくなっていたといいます。

もしかしたら**江戸時代はもっとも日本人が豊かに暮らしていた時代**なのかもしれませんね。しかしその豊かさは鎖国と経済発展の抑制があったから実現できたとも言えます。

江戸時代の身分は住む場所によって決まり、原則的に生まれたときから死ぬまで身分を変えることはできませんでした。だから人々は生まれた身分に従って、半分あきらめて生きていくしかなかったのです。それでも江戸時代の江戸っ子たちは明るく生きていたように思います。
もしかしたら現代を上手に生き抜く知恵は、あきらめながらも明るく生きた江戸っ子の中に隠されているのかもしれませんね。

あきらめる力が求められる時代だ。
でもそんな時代だからこそ、大切なことだって見つけられる。

あきらめの16

ニートは現代日本を救う救世主

「働いたら負けかなと思ってる」

ひとりの若者がテレビでそう発言して話題を集めたのは２００４年。ちょうどその頃から〝ニート〟という言葉が日本で使われるようになりました。このニートという言葉はもともとイギリスの労働政策において出てきた用語〝ＮＥＥＴ〟という言葉をカタカナ表記したものです。日本では15歳～34歳の非労働力人口のうち、家事も通学もしていない若年無業者がニートと呼ばれています。

２０１５年現在、ニートは日本に60万人以上いると言われています。しかしこの〝ニート〟の定義はかなり曖昧で、実際のところ何人いるのかわかりませんし、僕自身もニートという呼び方は好きではありません。しかしここではあえてニートという言葉を使って書き進めさせて頂きます。

働かない若者に対して世間からはとても厳しい目が向けられます。日本は勤勉が財産だと言われている国です。だから勤勉に働かない若者の存在が納得できない人が多いのかもしれません。しかし、**「ニートが日本の財産である」**という見方をすることもできます。こんなことを書くと「けしからん！」と怒鳴る人もいるかもしれません。しかし実際ニートというのは日本のバランスに欠かせない存在なのです。そしてニートと呼ばれているいわゆる無業者は、何も今の時代だけに存在するわけではありません。昔からいい年して働かない「ろくでなし」と呼ばれる人もいましたし、それでも世の中にうまく溶け込んでやってきているのです。

「今は時代が違うし、その頃よりニートが増えているから問題なんだ」と言う人もいるかもしれません。しかし、そもそもどれほど増えているかなんてどうやってわかるのでしょう？　統計って言っても信憑性に欠けますし、あやしいものです。それに働かなくても家庭の中で養っていけるだけの経済力がなければ、ニートのように働かない人は存在できません。少し歪んだ見方をすれば、働かないでいい人が増えているということはそれだけ日本が豊かである証とも言えるかもしれません。


「ニートは日本のバランスのために欠かせない」なんて言うと「ニートなんて何の役にも立たない」と言う人がいるかもしれません。しかしそんなことはありません。彼ら彼女らは存在しているだけで既に役に立っています。言うならば**必要な時に救世主となってくれる予備軍**なのです。

さっき働かない働きアリの話を書きましたが、働かないアリが存在しなくなればそれまで働いていたアリが働かなくなります。しかし働かないアリだけしか存在しないコロニーでは過剰労働になりコロニーは壊滅してしまうのです。これは僕たちの社会でも同じことが言えます。みんなが一斉に働くシステムだと、同じくらい働いて同時に全員が疲れてしまいます。誰も働けなくなった社会は確実に破滅します。

だからニートは社会に必要な存在なのです。もしニートと呼ばれている人たちをすべて社会から排除したとしても、今まで働いていた人たちがニートになるだけです。

逆に今、働いている人たちが働かなくなるとニートと言われている人たちは働き始めるかもしれません。働く人と働かない人がいてこそ社会はうまくバランスを取り、成り立っているのです。

こんなことを書くと「ふざけるな！　その分オレ達が辛い状況でも頑張って働いているんだぞ！」と怒る人もいるかもしれません。でもそのように怒る人はきっと「辛くても働かなければダメ！」という強迫観念で働いているのはないでしょうか？　でも誰もがそのような強迫観念で働くような社会システムに未来はありません。なぜならそのように自分に労働を強制して働く人たちばかりになると、よりいっそう〝うつ〟になる人が増加し、自殺する人も増えてしまうからです。

もちろん働くのが楽しくて仕事している人もいるでしょう。しかしそういう人たちは自分が働くのが好きで仕事をしているので、ニートの人たちに対してイライラすることもありません。

ニートに対してイライラしているのは、イヤイヤでも働いている人たちなのです。そういう人たちは強制的でもニートを働かさなければならないと思い込んでいます。しかし〝強制的でも働かなければならない〟という社会では〝働かないでいい〟という逃げ場がなくなります。だから「ニートは強制的に労働させせろ！」なんていうのは「日本を滅ぼせ！」と言っているようなものなのです。

「でもこのままニートが増え続けたら困る」と言う人がいますが、「そうなったら困る！」と言っている人が困るわけで、ニートの人たちは別に困りません。そもそも本当に困ったらなんとかするしかなくなります。困っていないから、働かないでも生きられるのです。

江戸時代のようにその日ぐらしでも幸せに暮らすことはできます。働かない人たちにだって幸せに暮らす権利はあるのです。

「それじゃあ社会は発展しないじゃないか！」って言う人もいるでしょう。しかしそれも見方次第ではそうとも言いきれません。

先ほどの働きアリに関して面白い研究結果があります。働きアリはエサを発見するとフェロモンを出しながら他のアリを動員します。他の働きアリはそのフェロモンの道なりに従ってエサのあるところに辿り着くのです。しかし働きアリの中にはウッカリ者がいて、道を間違えてしまう個体も存在します。すると道を間違えたことにより、エサのあるところへの近道を発見することもあるのです。そのおかげで他のアリたちもその近道を使うようになり、エサを持ち帰る効率が上がることになります。

正確に最初の働きアリの道を辿る「利口者」は間違えることのない優等生です。しかしウッカリ間違える「おバカさん」がいるほうが新しい道を発見できるということを考えると、利口者ばかりが良いとも言えなくなりますね。

これは人間社会でも同じことが言えます。

忙しすぎて働くことだけでいっぱいいっぱいになっている人には思いつかないような、「新しい方向性」をニートが思いつく可能性だって十分にあり得る話なのです。

そもそも〝働かない者を認める余裕のない国〟に明るい未来があるとは考えられません。働かない者を排除することで社会が発展するというのなら、それもどうかと思う。

社会が発展することと、人間ひとりひとりが幸せに生きることのどちらが大切でしょうか？

「社会が発展するため」「明るい日本を作るため」そう言いながら自ら命を絶った何百万人の人たちから目を逸らし、本当に豊かな国が築けるというのでしょうか？　ニートと呼ばれている人たちは「怠け者」とか「落ちこぼれ」という人たちばかりではありません。日本社会が急速に変わっていく中で、誰もがニートになる可能性があるのです。だから「みんなで頑張ろう。あきらめないで努力しよう」って言うんじゃなく、頑張れる人は頑張ればいいのです。その上で頑張れない人だっているということをわかってあげましょう。

そして頑張れない人は頑張ることをあきらめて、まずは生きることを優先しましょう。誰かに助けてもらいながらでも生きることです。ひとりで生きるのもあきらめてください。誰もひとりでは生きられません。誰かに生かしてもらっているのですから、どうせなら愛される人になりましょう。

世の中に必要のない人なんていない。
受け入れられているからこそ、この世に存在するのだ。

あきらめの17

働かざるもの死ぬべからず

現在の日本は過労死するほど仕事があるのに、自殺するほど仕事が無いという矛盾した社会です。きつい労働から解放されるように多くのものが機械化・自動化されているのにも関わらず、「働かざるもの食うべからず」と時代錯誤の言葉も使われています。

諸説ありますが、この「働かざるもの食うべからず」という言葉は聖書から来たと言われています。使徒であるパウロがテサロニケの信徒たちに宛てた手紙の中に「働こうとしない者は、食べることもしてはならない」という一説がありました。ここから「働かざる者食うべからず」という表現で広く知られるようになったといいます。

この言葉は大昔から使われているように思われがちですが、日本では明治以降に使われるようになりました。そして現代では本来の意味から離れ、「働かない者は食うな！」といった使われ方をするようになり、会社オーナーや上層部に都合の良いプロパガンダに変わっています。

日本では働いている状態が普通であることから、働いていない人は〝働こうとしない怠け者〟のように見られます。

しかし実際は、働きたくても働けない人たちも多く存在するのです。それなのに働いていない者は怠け者だと見られます。

すると働いていない人の中から、この社会に居心地の悪さを感じたり、自信をなくしてしまう人もでてきます。特に周りの目を気にする傾向の強い日本人にとっては、人と関わるのを避けるようになって引き籠《こも》りがちになり、どんどん社会から外れていくという悪循環を生むのです。

働きたくても就職できない。働きたくても心が思うように回復しない。

そんな人たちに「働かざる者食うべからずだ」と言っても何の解決にもなりません。急速に変化していく社会の流れの中では、誰もが無業状態になる可能性を持っています。

岡田斗司夫さんの著書に『僕たちは就職しなくてもいいのかもしれない（ＰＨＰ研究所）』があります。その本の中で〝愛されニート〟という言葉がでてきます。

愛されニートとは、ニートはニートなんですけど、「養ってあげたい」と思われるような愛されているキャラのニートのことです。愛されているから「ニートのままでいいよ」と言われます。確かに誰もが頑張ることが厳しい現代では、そういう生き方も〝有り〟のように思いました。

よくよく考えてみれば救世主と言われている人たちはほとんどがニートです。もちろん定義が曖昧だからこそ、そう感じる部分もあるとは思いますが…。

たとえばキリストや釈迦もある意味ニートと言えばニートです。誰にも愛されていなかったら救世主になっていなかったでしょう。


マンガの主人公でもそうです。

『ドラゴンボール』の孫悟空は地球を何度も救っていますが、仕事をしていません。

『ワンピース』のルフィは海賊ですが、モノを奪ったり海賊っぽいことなんかしていません。そして「おれは、助けてもらわねぇと生きていけねぇ自信がある!」と堂々と言っています。

自分ひとりでは生きていけないと知っているからこそ、強いとも言えるでしょう。

世紀末のヒーローである『北斗の拳』のケンシロウも働いていません。と言っても、世界が核の炎に包まれてしまったあとだから仕方ありませんね。

でも、ひとりで生きているようなケンシロウも井戸の水を勝手に飲もうとして牢屋に閉じ込められた時、リンに水を貰えていなければ恐らく死んでいました。

そんな彼らに共通しているのは、〝愛されている〟ということです。

そこに生きていく術があります。

どんな生き方に価値があって、どんな生き方に価値がないというわけではありません。

「働かざるもの食うべからず」と言っても人間、食べないことには生きていけないのです。だから働いていないからといって自分を追い込んだり、自信を失くす必要はありません。

働かざるものだって生きていていいのです。

生きづらい世の中だからこそ、今までの価値観に縛られないで自分に合う生き方で生きる道を選んでみるのもいいでしょう。

人にはそれぞれの個性がある。

周りと同じようになるよりも、その個性の活かし方を考えよう。

あきらめの18

宝くじに全財産ぶっこむバカになるな！

「宝くじ」というのは買わなければ当たりません。だから努力しなければ成功しないというふうに繋げて考える人もいますが、少し考えてみてください。

全財産を宝くじに突っ込む人を見て、あなたはどう思いますか？

もちろん人生をどう生きるかはそれぞれの自由です。「オレは全財産宝くじにぶっこむぜ！　一文無しになったらそれまでさ」と言って生きる人の生き方を否定するつもりはありません。だけど本当にそれでいいと思っているのか？　ただ自棄になっているだけではないか？　もしかしたら、あきらめないという言葉の魔力で現実を見失っている可能性だってあるかもしれません。だから少し立ち止まって考えてみてもいいと思うのです。

「あきらめなければ成功する」

成功者は口ぐちにこう言います。

確かに成功者が言う「あきらめなければ成功する」という言葉は親しみやすいし、説得力があると感じますね。もちろん、あきらめなかったから成功したという言葉自体もウソではないでしょう。「あきらめない」というのは成功するために必要な秘訣のひとつであると言えます。しかし成功した人というのは、ただあきらめなかったから成功したわけではありません。

才能だけじゃなく、時代の流れ、運、環境、人との縁、努力といったいろいろな原因と要素が絡み合った結果です。もしかしたら要領の良さや人を蹴落とすくらいの非情さだってあったのかもしれませんね？

ここで僕が言いたいのは、努力がどうでもいいということではなく、個人の努力を超えた運や不運は必ず存在するということです。もし一番努力した人が報われるのなら、当選しやすい宝くじ売り場を徹底的に調べ上げて、なおかつ大量に購入した人が当選することになります。

しかし実際はどうでしょう？

「普段は買わないんだけどね。たまたま10枚買ったら一等が当たっちゃったよ」って人もいるでしょう。

確かに宝くじは買わないと当たる可能性もありません。買えば当たる可能性はゼロではなくなります。しかし限りなくゼロに近い可能性でしかないのです。

何か夢や目標を持っている人も、実際にそれに向けて行動しないと実現する可能性はありません。しかし可能性が限りなくゼロに近いことに挑戦するのと50％の確率があるのでは結果が大きく変わります。

宝くじに全財産を突っ込むとなると、それはもうギャンブルです。それと同じように限りなく可能性がゼロに近い夢に人生のすべてを懸けるのも少し考えたほうがいいでしょう。

可能性は無限だとしても時間は有限なのですから。

生き方は人それぞれ自由でいいと思います。しかし宝くじに全財産を突っ込んで本当に良いのかも、考えてみたほうがいいと思います。それよりも、もっと他に有意義な使い道があるのではないでしょうか？

限りなくゼロに近い可能性に人生をぶっこんで本当に良いのか？他の道を探してみるのもいいのではないだろうか？

あきらめの19

「継続は力」になるとは限らない

あきらめないで頑張り続けることは決して楽ではありません。物事を継続するのは素晴らしいことだと僕も思います。

でも場合によっては、継続が成長の妨げになるケースも存在します。

たとえば「一度決めたことだから」といった理由だけで、たとえそれが時代に合わないものであってもやり続けてしまう時、あるいは「やり始めたことだから」と言って、たとえ良い状況を生み出さないとわかっていてもやり続けてしまう時です。

多くの人は一度決めた目標や計画、予定などはナニがなんでもやり遂げるべきだと思い込んでしまいがちです。

それも無理ありません。なぜなら僕たちの多くは幼い頃からそう教えられて育ったからです。

「一度決めたことはやり遂げなさい」
「最後まであきらめないで続けなさい」

あなたも幼い頃に学校や家で、そう言われたことがありませんか？

実はこのように教え込まれて育った人たちは〝一度やると決めたことはどんな状況になろうと最後までやり遂げなくてはならない〟という価値観を植え込まれてしまっているのです。だから途中でやめてしまうことに罪の意識を感じてしまいます。

確かに物事を成し遂げるにはそういった精神も必要です。そして最後まで諦めない姿や困難に負けない姿は実に美しく映りますね。だけど現実はただ単に仕方なしにやり続けているだけってこともありませんか？

そういう場合は気づかない内に思考や成長が止まってしまっているかもしれません。継続は力なりが効力を発揮するのは、期限を決めて取り組んでいる時です。ただ継続することが目的になってしまうと継続する以外のアイディアは浮かばなくなってしまうのです。

「あきらめない」というのは言ってみれば現状維持です。今までやってきたことをそのまま続けていくってことだから、それほどむずかしくはありません。でも新しいことを始めるとなるとパワーが必要になります。

人は新しいことを一から始めるよりも慣れていることを続ける方が楽だから、無意識のうちに現状を維持しようとして、新しい挑戦を避けてしまいます。

あなたも「続けることは楽じゃない」と言いながら、実は〝続けるほうが楽だから〟ダラダラと続けていることありませんか？

もしあなたが〝継続する〟だけを目的に何かを続けてしまっているなら、自分自身にこう問いかけてみてください。

「うまくいっていないことをこのままやり続ける必要はあるのか？」
「うまくいかないとわかっていることをやり続ける意味はあるのか？」

本来人間は日々進化し、成長する生き物です。

最初に計画を立てた時には知らなかった情報もあるでしょうし、やり始めてから気づいたこともあるはずです。やってみたからこそ、見えた景色だってあるでしょう。その頃と今じゃ状況だって大きく変わったかもしれません。

その新しく知った情報を元にもう一回計画を立て直してもいいと思いませんか？　無意味に継続するのをやめて、新たに目標を設定し直してみるのです。

今まで継続してきたことをキッパリやめるには勇気が必要です。

「ここまで頑張ってきたのだから、あきらめたくない」

「ここであきらめたら自分じゃなくなってしまう」

そんな気持ちが自分を襲ってくるかもしれません。でも継続をやめてもあなたがあなたであるのには変わりないのです。


継続は時に前進したい人間の成長を止めてしまう。だからまずは今の自分の状況を冷静に見つめなおしてみることです。そしてこのように自問自答してみましょう。

「もし、ゼロからやり直すなら、今やっていることをやるだろうか？」と。


そうやって一度あきらめてみた時に初めて、今まで見えなかった道や、今まで見えなかった答えが見えてくるかもしれませんよ。


継続は必ずしも力になるとは限らない。

手放すことで訪れるチャンスもある。

あきらめの20

石の上に3年もいるからうつになる

日本には「石の上にも3年」という諺があり、とかく我慢や忍耐を美徳とする風潮があります。「石の上にも3年」とは冷たい石の上でも3年も座っていれば暖かくなることから、辛いことも我慢して続けていれば報われるという意味です。

しかし本当に石の上に3年いれば報われるのでしょうか？

「とりあえず3年くらいは続けたほうがいい」

仕事がつまらなくて辞めたくなった時、誰かにアドバイスしたら、こんなふうに言われたことがありませんか？

3年というのはひとつの目安にされるケースが多く、求人広告の応募条件の中にも「3年以上の経験者」という表記が見られることがあります。確かに入社してすぐに会社を辞めてしまっては自分の向き不向きを知る機会を失うかもしれません。自分では営業が向いていると思っていた人が企画の仕事を与えられて、それが天職だったというケースは多々あります。

自分が何に向いていて、何に向いていないかなんていうのは実際にやってみないことにはわかりません。だからある程度の年月働くことによって、自分の能力がどれほどのものかとか資質などが見えてくるという考え方は、確かにそのとおりと言えるかもしれません。しかしそれは〝自分の向き不向きが見える〟という意味であって、報われるかどうかは別の話です。それに辛くて苦しい日々を3年も我慢し続けていても、暖まるどころかうつになる危険があります。

だから僕はあまり〝3年〟という期間にこだわりすぎるのもどうかと思うのです。大切なのは3年間働いたということよりも、たとえ1年であっても〝何をしたか〟のほうだからです。

そもそも人生に失敗はつきものです。就職にしても、やりたいと思って何か始めたとしても「自分に合わない」と思うことはあるでしょう。それを続けた結果発見することもあるでしょうが、貴重な時間を無駄にして次の機会を逃してしまう可能性もあるのです。

僕たち日本人は苦しさに耐え、あきらめないで辛抱することを良しとする傾向が強いです。

さらに他人の目も気にしてしまい、「根性なしだ」「やると決めたことを投げ出すヤツだ」などと言われることを嫌い、無理して我慢し続けてしまいます。

しかしそれでうつになってしまったら元も子もありません。

そもそも楽しくて快適な職場だったら辞めたいと思うことはありませんし、何かを始めても楽しくてやりがいがあるなら辞めようと思わないはずです。居心地が悪かったり、我慢し続けて頑張っても明るい未来が見えないから、辞めようと思うわけです。

それなら自分の直感を信じて、石の上から降りる勇気を持つのも大切ではないでしょうか？　石の上で3年苦しんでうつになってしまうより、3年間楽しく生きることを考えたほうがいい。なぜなら、苦しんで何かを続けるよりも楽しんでやったことのほうが明るい結果に繋がっていくはずだから。

石の上から降りて、とりあえず3年生きてみよう。
それからのことはそれから考えればいいのだから。

あきらめの21

目的はなんだ？

「あきらめたらダメだ！」と、やみくもに頑張り続けて、本来の目的が何だったのかを見失ってしまう人がいます。中には「あきらめないこと」が目的になってしまっている人もいます。そんな時こそ、自分の気持ちを明らかに見ることです。

もし自分のやっていることがその道の専門家に「もうやめたほうがいい」と言われたらどうしますか？　誰だって「君には無理だ。あきらめろ」と言われたらショックを隠せません。時間をかけて取り組んできたことなら、なおさら簡単にあきらめることはできないでしょう。

でもそう言われたとしても**何をあきらめて、何をあきらめないかは自分の判断次第**です。その道のプロになることをあきらめたからといって、そこでやめる必要まではありません。

たとえば本を書いて出版したいと考えていた人が「君に出版は無理だ」と言われたとします。そこで出版するのをあきらめたとしても、本を書くのは続けていくことができますよね？

たとえ自分の書いた本が本屋さんに並ぶことがなかったとしても、本を書く楽しみはあきらめる必要はないのです。好きでやっている。楽しいからやっている。それなら続けていけばいいのです。

「君には無理だ」と言われてショックを受けるのは、それで得たいものがあるからです。

人から賞賛されたいという気持ちやそれで生計を立てたいという気持ちがあきらめを躊躇わせるのです。そういう気持ちをあきらめて楽しんでやる分なら、続けることは一向に構いません。自分が楽しんでやれる趣味としてやっているだけなら、ヘタだろうと上手だろうと気にすることはありませんよね？

でも楽しむことより、人気を得たり、お金を稼ぐことが目的になってしまうと、思うようにいかず苛立つ日々を過ごすことに繋がります。次第に純粋に楽しむ感覚も薄れていくでしょう。

自分の本来の目的を忘れて「ここまでやってきたんだから」と意地になると、「これしかないんだ」としがみつくことになります。そしてあきらめないことが目的になってしまうのです。「これをやめたら自分じゃなくなる気がする」そんな恐怖からあきらめる勇気が持てず、あきらめられなくなってしまうのです。

楽しみながらできる趣味があるというのは、生きていく上で良いストレス発散にもなるしステキなことです。だから、たとえ望んでいた名声やお金は得られなくても、楽しめる趣味があるだけでも良しとしましょうよ。競争したり上を目指して頑張るのもいいけれど、ただ純粋に楽しみながらやっていくだけでもすばらしい人生です。

でも「やめられないから」とか「あきらめきれないから」とあきらめるのを先延ばしにして、ただ漠然と続けているだけでは新しい世界も見えてきません。

「自分の言葉で何かを伝えたい」と思うなら、別に出版じゃなくてもいい。今の時代はインターネットをうまく使えば、世界中の人にだって自分を表現していくことだってできます。

逆に自己満足で「本を書きたい」と言うなら、別に人に読んでもらう必要はありません。

これは何も作家になりたい人だけに言えることではありません。映画監督や医者や政治家でも同じことが言えます。

その職種に就くのが目的なのでしょうか？
それともやりたいからやっているのでしょうか？

少し考えてみてはどうでしょう。

自分の本来の目的は何だったのか思い出してみよう。
あなたが楽しんでいるなら、それでいいのかもしれない。

あきらめの22

あきらめない人が不幸になる

何かをあきらめたら幸せになれないと考える人がいます。しかし何かをあきらめることと幸せになることは別ですし、成功することと幸せになることも別です。

幸せというのは〝なる〟ものではなく、心が感じるものです。自分が幸せであることに気づいたら、人は今すぐにでも幸せを感じることができます。

夢を持っている人が幸せで、夢がない人は不幸だなんて決まりはありません。もしそんな決まりがあるなら、永遠に夢を持ち続けないと幸せになれなくなります。「夢を諦めなければ幸せになれる」と言う人もいますが、僕は夢に執着しすぎる人は不幸な人だと思います。

「夢は持たなければならない」
「夢に向かって努力しないと不幸になる」
「成功しなければ幸せになれない」

このような思い込みが人を不幸にしているのです。

夢を持つことも夢に向かって努力することも成功することだってそうですが、人生を楽しむ方法のひとつに過ぎません。楽しむことができるのであれば、ひとつの方法にこだわる必要はないわけです。夢を持てないなら、上手にあきらめて他の方法を探せばいい。ひとつの生き方に執着して、自分を縛りつけても幸せを感じることはできません。

夢をあきらめたことで幸せを見つけた人もたくさんいます。自分が幸せを感じられない生き方をしているのなら、別の生き方を探して身を移せばいいのです。

〝こうじゃなければ幸せになれない〟なんてルールはありません。上手にあきらめながら自分にとって最適な生き方をすることで、あなたにとって幸せな生き方へと繋がるでしょう。

僕もかつてはあきらめられない不幸な人間でした。

しかし日本メンタルヘルス協会の衛藤信之先生の元で心理学とカウンセリングを学び、自分で自分をカウンセリングし始めます。そして2010年9月、アイランドツアーに参加し、パラダイムシフトが起こりました。

それが僕の人生のターニングポイントでもありました。

アイランドツアーというのは日本メンタルヘルス協会主催の年に一度のメンタル祭り。無人島で3日間過ごしながら、楽しく学ぶワークです。200人以上が集まり、その日初めて出会ったばかりのメンバーでロッジに泊まりました。

1日目の夜に「ライフラインのワーク」がありました。ライフラインとは自分の人生を振り返って、それをグラフで表現し、みんなに発表するワークです。

これは以前にメンタルの講座で行ったこともありましたが、この時は夜を徹して自己開示し、それぞれの人生をたくさん語り合いました。

その時に僕は、それまで隠してきた自分の過去を初めて語ったのです。

自分の家で居場所が見いだせなかったこと。元暴走族だったこと。自分を責めてうつになったこと。地元を離れて、生まれ変わる覚悟で仕事と勉強に取り組んだこと。そして衛藤先生に憧れて、心理カウンセラーの講座に参加するようになったことを。

辛い過去を振り返ることは痛みを伴う。まるで傷口に塩を塗るかのように、語るのはとても痛い。自分の弱さや汚さ、臆病さやずるさを露呈する時には見えない血が吹き出る。

震える声で語る僕の話をソウルメイトは黙ったまま、同情するのでもなく憐れむこともなく、頷きながら聴いてくれました。

この無人島での出来事があってから、僕はもう過去を隠して生きるのをあきらめました。そして僕は「元暴走族の心理カウンセラー」として活動するようになったのです。

何かをあきらめたからといって不幸になるとは限りません。あきらめることにより、それまで執着していたものを手放し、逆に身軽になることだってできるのですから。


あきらめない人が不幸になる。

上手にあきらめて幸せを感じる生き方をしよう。

3章

人生はあきらめの連続だ

あきらめの23

あきらめるのも才能！

「一度やると決めたことは最後までやり遂げなさい」という子どもの時に植え込まれた考えが大人になってからも根強く残っているせいか、何かを途中でやめたり、やることを変えることを逃げだと感じる人が多いです。確かに何もしないであきらめてばかりいたんじゃ、それは癖になってしまいます。

しかしそれがうつの原因になったり、自分を追い込むことに繋がってしまう時だってあるのです。だからそうなる前に周囲が「あきらめなさい」と言ってあげるのも優しさではないでしょうか？

「あんたには無理だから、あきらめなさい！」

そう言ってくれる人がいるのは凄く大事だと思います。その上であきらめるかあきらめないかは自分自身で選択することができるのだから。

自分に才能がないと認めるのは勇気がいります。誰だって自分に才能がないって気づくのは怖い。

「もう少し努力したら夢が叶うんじゃないか？」

確かにそうやって続けることで生まれる新しい才能もあるでしょう。しかしどうにもならない才能だってあるのです。それを認めてあきらめるのは決して恥ずかしいことではありません。

人は成功者の体験を基に「努力したら夢が叶う」と考えてしまいがちですが、正確には〝努力したら叶う夢もある〃です。それは裏返せば〃努力しても叶わない夢もある〃ということになります。

しかし、多くの人は夢のある話を聞きたいと思い、こうした現実的な話には耳を塞ごうとします。でも現実には叶わない夢があちらこちらに溢れかえっているでしょう。

だから、**あきらめを敗北とするのではなく受容することが大切**なんです。自分には向いていない夢はあきらめて、次へと進む。そういう潔い人は〃あきらめる才能〃を持っています。そう、この〃あきらめる才能〃が自分の新たな道を切り開いてくれるのです。

もちろん、夢を叶えたいと本気で思っているのなら、ある程度はやり続けるのが大事なのはわかります。しかし自分の心が苦しいと悲鳴をあげているのに、それに気づかないで周囲の人が「それは甘えだ」なんて言うと、その人の精神と身体はいっそう追い込まれることになるでしょう。

だから、そうならないように事実を無視したり、何事もなかったかのように振る舞うのではなく、現実としっかり向き合った上であきらめることが大切です。求めたものが得られないという挫折の中でも、あきらめることで新たなものを見つけることができれば、希望も必ず生まれるはずだから。

あきらめるとは無報酬に対する適切な行動を選択すること。
あきらめる才能を持つのは決して恥ずかしいことではない。

あきらめの24

目的のためなら手段をあきらめよ！

スポーツの世界というのはとてもはっきりした世界です。陸上という競技はヨーイドンでスタートして一番にゴールした人が勝者となります。1位になるのを目標に誰もが頑張って努力します。ですが、努力したからといって必ず1位になれるとは限りません。

たとえば小学生の頃からもう20年以上ずっと陸上をやってきた人がいたとします。それまでにたくさんのことを我慢してきました。そして努力して頑張ってようやくオリンピックに出場です。

その一方で陸上を始めてまだ数年の人もオリンピックに出場したとします。

先ほど述べたように、陸上という競技はヨーイドンでスタートして一番にゴールした人が勝者です。陸上を始めて数年の人でも最初にゴールしたら金メダルです。

どれだけ頑張ってきたかで結果が変わるのであれば、始めるのが早く、継続して努力してきた人が勝者となるでしょう。しかしスポーツの世界ではそうはいきません。思わぬアクシデントがあったり、実力以上の運の要素も結果に関わってきます。

「あの人はもう20年以上も努力してきたんだから、まぁ本当は3位だったけど金メダルをあげようよ」なんてことにはなりませんよね？　結果がすべてのスポーツの世界では、どれだけ頑張ったかでは評価されません。

もちろん、周りの人たちや応援する人たちはそのガンバリを認めてくれるでしょうし、一生懸命にやってきたことを高く評価してくれるでしょう。20年以上もひとつのことに取り組んできたというのは、本当に凄いことです。

しかし今回お話しした人は、オリンピックに出場するまでになったから努力を評価されたとも言えます。その一方で、長年やってきたけど人の目に触れることなく去っていった人もいるのではないでしょうか？

人は、努力して結果を出した人ばかりについ目を向けてしまいがちです。しかし実際には努力しても結果をだせず、誰にも知られないままやめざるを得ない状況まで追い込まれた人もいるのです。そういった日の目を見ない人は、その存在を知られる機会さえ与えられません。

それどころか、あきらめるタイミングを間違えて、生活がままならなくなってしまったり身体を壊して就職すらできなくなった人もいます。つい、あきらめずに努力して成功した人のことばかりに目がいきがちですが、実際は日の目を見ないまま終わった人たちのほうが圧倒的に多いのです。

大切なのはその事実を明らかにした上で自分がどう判断するか、です。

目的のためには手段をあきらめなければならない時があります。勝つためには何かをあきらめなければならない時があるのです。しかし人は一度自分が選択した道にこだわって、別の道を選ぼうとしません。そうなると他にもっと良い手段があったとしてもそれが見えなくなってしまうのです。
手段にばかりこだわるより、時には「違うやり方はないだろうか？」「他にもっと良い方法はないだろうか？」と客観的に見る目を持ってみましょう。ひとつの手段をあきらめたからといって、目的まであきらめる必要はありません。多くの人は手段をあきらめたら、目的まであきらめなければならないと思い込んでいます。しかし目的さえあきらめなければ、手段はいくらだって変えていいのです。

「このやり方ではうまくいかない」
「この方法では無理だろう」

こんなふうに心の中で勝つ見込みがないとわかっているなら、あきらめて撤退するのも勇気です。目的までの道はひとつしかないわけではありません。だから自分に合わないことで努力するより、自分に合うことで努力する道に目を向けてみよう。目的さえ見失わなければ、何度でも方向転換したって構わないのだから。

手段ばかりにこだわるのはやめよう。
目的のためなら時には手段はあきらめる必要がある。

あきらめの25

努力論争を巻き起こした為末大のツイート

陸上界で活躍したアスリートの為末大さんが2013年10月にツイッターで**「努力すれば成功する、は間違っている」**とツイートして炎上するという出来事がありました。「道は努力で切り開くものだ」といった意見や「身も蓋もない」といった批判が殺到したのです。

もちろん考え方や価値観は人それぞれですから、「それは違う」って言う人や批判する人がいるのもわかります。でも、そもそも価値観の違いはあっても、正解や間違いはありません。色んな考え方がある中で自分がどのような考え方で生きるか？　が大切ではないでしょうか？

為末さんが言いたかったのは、アスリートとして成功したいならアスリートに向いた体に生まれるかが重要で、持って生まれた素質がなければどうしても差がある。だからそこはあきらめなければならないということだと思います。

成功しないのは努力不足が原因だとは限りません。特にスポーツの世界はとてもシビアです。為末さんは実際にあきらめるタイミングを逃して苦しんできた人たちをたくさん見てきたのでしょう。だからこそ、あきらめないことを良しとするこの現状に黙っていられなかったのだと思います。

これは為末さんの著書『諦める力（プレジデント社）』でも詳しく述べられています。

持って生まれた才能と努力、それに運や色々な要素が合わさって初めて大きな夢は現実となります。もともと持って生まれた才能が50の人に、10しか持って生まれなかった人が勝とうと思ったら、相当の努力が必要になります。必死で努力して10の人が50になる頃には、50だった人は80になっているかもしれません。才能というのは遺伝により差があるものです。

測定するテーマによって異なりますが、進化心理学の研究によると育った環境と遺伝によってその人の行動が決まると言われています。だからもともと遺伝子レベルが高い人に遺伝子レベルが低い人が勝とうと思ったら、しっかりと育つ環境を整えて、さらに努力する必要があるということです。そうすれば才能が10しかなかった人でもトップレベルまで行くことが可能になります。

しかし持って生まれた才能がもともと高く、さらに最高の環境で育った人にはどうしたって敵わないというのも事実です。「そんなことない。あきらめないで努力すれば絶対に勝てる！」根性論を唱える人はこう言うでしょう。でもそう言う人たちは事実から目を背けているだけです。

世の中には人気の高い競技や人気の高い分野があります。人気が高ければ高いほど競争も必要で、そこで勝ち抜くのは難しくなります。自分のやりたい分野で成功を目指すか、それとも向いている分野で成功を目指すか？　それは人それぞれ自由です。もちろん、「ただ好きだからやりたいんだ」という理由だけならやりたいことをやればいいと思います。

でもスポーツといった勝ち負けがある競技で勝つことを考えるなら、向いていない分野をあきらめるというのは事実をシッカリと見据えているからこそできることなんです。為末さんは１００メートルでメダルをねらうのをあきらめ、400メートルハードルに転向しました。そして世界陸上選手権の2大会で銅メダルを獲得したのです。

世の中にはそうやってみんながあまり努力していない分野で、努力してあっという間にトップに立つ人もいます。自分に有利な世界で一番になろうとするのはおかしなことではありません。しかし日本人には「自分に不利な状況で勝つからすばらしいんじゃないか」という価値観があります。でもそう言っている人たちはみんな自分に不利な状況で生きているのかというとそんなことありません。

多くの人は自分に有利な道を探します。そしてそれは決して悪いことじゃない。甘えでも逃げでもなんでもない。それぞれの自由なんです。

なんとしても目的地に辿り着きたいなら手段をいろいろ変えてみればいい。どうしても手段にこだわりたいなら、目的地に辿り着けないことも覚悟しておかなければなりません。

だから苦しんでいる人はその道に固執しないであきらめてもいいのです。生きる道なんて他にいくらだってあります。よく頑張ったね、もう十分だよ。そうやって自分を褒めてあげた上であきらめてみてはどうでしょう？　せっかくの人生だから明るい道を歩いていってほしいと僕は思います。

目的のために手段をあきらめてもいいんだ。
苦しいなら自分が苦しくない道を歩きなよ！

あきらめの26

「決断」とは何かをあきらめることだ

現在、男女ともに結婚するのがむずかしい時代になっていると言われています。男性が結婚できない理由は主に収入面の不安で、女性は理想が高すぎて結婚できないケースが増えているといいます。

これはある女性の話です。彼女は結婚相手の条件をこんなふうに決めていました。

「年収3000万円以上で、身長は180センチメートル！　細マッチョで浮気はしないイケメンな男性な～んて…」。最初はジョークかと思っていましたが、どうやら〝マジ〟だったようです。

しかしなかなかそんな男性は現れません。悲しいことに時間はどんどん流れていきます。

でもある時ひとりの男性と出会いました。次第に仲が深まり「ずっと一緒にいたい」と思うようになったのです。そしてある日、男性からプロポーズされました。しかしその男性の身長は180センチメートルもない。年収も3000万円以上ではありません。

さぁ、どうしましょう？

「ずっと一緒にいたい」という気持ちを大切にするか？

プロポーズを断って結婚条件に合う男性を再び探すか？

まさに〝決断〟の時です。

結局、彼女は理想としていた結婚条件をあきらめてプロポーズをＯＫしました。「ずっと一緒にいたい」という自分の気持ちを大切にすることを選んだのです。これはとても勇気のいる決断であったと思います。

もしあの時に理想の条件をあきらめていなかったら、彼女は幸せになれたでしょうか？　実際にそういう相手と出会い無事結婚できたとしても、その人との結婚生活は本当に幸せだったでしょうか？

もちろんそれは、わかりません。

でも少なくとも彼女は今とても幸せそうです。だからあの時の決断はきっと彼女にとってベストな判断だったのだと思います。

しかし世の中には自分が最初に決めた結婚条件にこだわり、あきらめないことで結婚できなくなっている女性がたくさんいます。あきらめて結婚相手の条件を下げるタイミングを逃した女性は「ここまで来たんだから！」と言って、さらに条件を厳しくしてしまいます。やがて「もう誰でもいい」なんて言った時には、残念ながら誰も相手にしてくれません。

人は時間や労力をかければかけただけ、そのことに執着してしまいます。そしてなかなかあきらめきれずに時間だけが流れて行ってしまうことがよくあります。

でも何かを続けるのに決断が必要なように、何かをやめる時にも決断は必要です。〝決断〟という字は〝決めて、断つ〟と書きます。そう決めるだけではダメなのです。断つ必要があるのです。

あきらめるという決断ができない人は、その可能性にずっと執着している人です。あきらめるという決断ができる人は新しく〝選ぶ〟こともできると知っている人です。

人間というのは執着を捨ててあきらめると自然と次のステップを考えるようになります。何かをやめるというのは終わりではなく、新しい何かを始めるためのプロセスに過ぎません。今までのこだわりを捨てて〝あきらめるという決断〟をするには勇気がいります。でもあきらめることができない者は、新たに始めることもできないのです。

だからこそ僕は「あきらめる」というのも立派な決断のひとつだと思うのです。

もうひとつ、次は僕の友人の話を書きます。

以前、友人が出会ってまだ1ヶ月しか経っていない男性と結婚を決めたと言っていたのを聞いて驚きました。もしかして〝恋は盲目〟になっているのではないかと少し心配になったのですが、話を聞くとどうも違うようです。

友人は「もし離婚することになってもそれでいいと思う」と言いました。

さらに続けて「私は年老いた時に一度も結婚したことがないっていう人生より、結婚したけど離婚したって人生のほうがいい」と言ったのです。「たとえ離婚であっても経験があるほうがプラスに生きていけるから」って。


それを聞いて僕は感心しました。なんと前向きなあきらめ思考の持ち主なのだろうか、と。

結婚と同時に離婚も視野に入れるのは、結婚がゴールだと勘違いしている人にはできないことです。

結婚というのはあくまでスタートであり、ゴールではありません。離婚することになっても自分はプラスに生きていけると考えられるのは、あきらめ力がないとできることではありません。


えっ？　この友人ですか？

もちろん今でもその時に結婚した男性と仲良く幸せそうに暮らしていますよ。


執着を手放してあきらめる時にはあきらめたほうがいい。

過ぎ去った時間は戻せないのだから。

あきらめの27

あきらめても〝誇り〟は残る

以前、日本将棋連盟で働き、雑誌『将棋世界』の編集長をしていた大崎善生さんの著書『将棋の子(講談社)』を読ませてもらったことがあります。その本には将棋棋士を夢見て志半ばで去っていった奨励会退会者たちの物語が書かれていました。

奨励会というのは正確には新進棋士奨励会《しんしんきししょうれいかい》と言い、日本将棋連盟のプロ棋士を養成する機関のことです。全国から将棋のプロを目指してやってきた〝天才少年〟たちは、ここで棋士になるために修行します。誰もが「名人」を目指して頑張るのです。「名人」とは、ただひとりだけが名乗ることを許される将棋の神様のことです。

地元では負けなし、大人でもまったく歯が立たないような天才少年たちも奨励会に入会するとこれまで通りにはいきません。そこで天才と言われた少年たちは、自分が天才でもなんでもない〝棋士を目指す普通の人間である〟と知るのです。自分より年下の子どもに負けるという現実。天才集団の中でさらに強くなるには努力だけではない〝何か〟が求められるといいます。

奨励会には年齢制限という鉄の規則があり、満21歳の誕生日までに初段、満26歳の誕生日を迎える三段リーグ終了までに四段に昇段しなければいけません。もしできなかった者は退会となります。追放された奨励会員たちは二度とその場に戻って棋士を目指すことができなくなるのです。物心ついた頃から将棋を始め、高校にも行かずに将棋だけをしてきた青年がある日ポッと社会に放り出される。これは本当に厳しい現実です。

多くの人は栄光を手にした人たちの言葉に励まされ、そして夢に向かって突き進んでいく。確かに栄光を手にした人の「あきらめなかったから、今のわたしがいる」という言葉には嘘はありません。しかし「あきらめなければ夢は叶う」という輝かしい言葉に紛れて、誰にも知られることなく夢を追いかけ、そして誰にも知られずに去っていった人たちはどれほどいるでしょう？

ただの一度も注目を浴びることなく去っていた人たちは、あきらめたから夢が叶わなかったわけではありません。本当にあきらめなければ夢が叶うのであれば、誰もが将棋界で名人になれるはずです。しかしそうはいきません。なぜなら名人というのは、ただひとりだけしか名乗る事が許されないからです。

夢をあきらめても人生は続きます。年齢制限の壁に阻まれて去っていった青年たちの人生はそこで終わりではありません。そこから本当の人生が始まるのです。

ある者は司法書士の試験に合格し、またある者は借金で夜逃げするまで追い詰められ日雇い人生を歩む。世界を放浪し、ブラジルで婚約者を見つけた者もいるし、ど

こで何をしているかわからない者もいる。でも去っていった人たちそれぞれが将棋の駒のように小さく、そして何よりも重い〝誇り〟を持って生きています。

あきらめたからといって何も残らないわけではありません。あきらめたからこそ〝誇り〟を持って生きることだってできるのです。

夢を目指すなら、それが閉ざされる覚悟もしておかなければなりません。

よくセミナーや勉強会なんかで「夢や目標を持て！」と言う人がいます。確かに夢や目標を持つことは大切です。しかしその夢が叶わなければ人生に意味がないと決めてしまうと、実際にその夢が叶わなかった時、自分を責めて心の病気になるかもしれません。

「夢が叶わなかった」「目標が達成できなかった」イコール「だから自分の人生には価値がない」

そう考える人はうつな気分に襲われます。

夢や目標は叶う時もあれば叶わない時もあります。だからアレコレ考えすぎずに、あきらめる心を持って今日という日を精一杯に生きればいいのです。

頑張って挑戦した日々は決して無駄にはならない。
あきらめても心の中に〝誇り〟は残るのだから。

あきらめの28

夢をあきらめても夢は叶う

多くの人は子どもの頃に夢を描きます。そして中には子どもの頃に抱いた夢をそのまま叶える人もいるでしょう。イチロー選手は小学生の頃から、将来は一流のプロ野球選手になって活躍する自分を想像していたといいます。でも誰もがみんなそうだとは限りません。子どもの頃からの夢を叶えられる人というのは、ほんの一握りの人たちです。

だからといって努力がどうでもいいなんて言いたいわけではありませんよ。

可能性がある限り、チャレンジすることはすばらしいことです。そのチャレンジは必ず後から自分にとってプラスに返ってきます。何も最初からあきらめることはありません。

でも誰もがイチロー選手と同じ練習をしたら、誰でもイチロー選手のようになれるでしょうか？もしイチロー選手が子どもの頃、無理やりサッカーをやらされてジーコと同じ練習をしていたとしたら、イチロー選手はジーコのようなサッカー選手になっていたでしょうか？　優れた運動能力のある選手は、どんなスポーツでも一流の選手になれると思われがちですが、そうとは限りません。

バスケットボールの神様と評されるマイケル・ジョーダンは、お父さんが亡くなった時に一度バスケットボールから離れました。そしてなんと野球を始めたのです。ジョーダンが子どもの頃からのもう一つの夢だった野球を始めたのは、父親が亡くなった悲しみを紛らわせるためではないかと言われました。そして野球の外野手として127試合に出場し、打率2割0分2厘でした。天性の運動能力の高さはありましたが、それでもメジャーリーグに昇格することはできなかったのです。

野球とバスケットボールでは必要とされる能力も資質も違います。専門家もジョーダンがプロレベルの変化球を打つのは困難であると予測しました。その後バスケットボールに復帰したジョーダンは再び大活躍します。

人間は何かを得ようと思えば何かをあきらめなければなりません。いっぺんに両方を手に入れることはできないのです。

イチロー選手の話に戻しますが、イチロー選手は高校時代にピッチャーでした。しかし交通事故でケガをして、ピッチャーとしての道をあきらめたのです。小学生の頃からピッチャーにこだわりを持っていたイチロー選手はスポーツ誌の対談で「ピッチャーに未練がある」と答えたことがあります。しかし、未練がありながらもあきらめたからこそ、振り子打法が生まれ、やがて安打製造機とまで言われるようになったのです。

自分の好きなことに心から没頭したいのならば、何かをあきらめなければなりませんし、結果を望むならやりたいことをあきらめなければなりません。

でも好きなスポーツに出会えて、その好きなスポーツに熱中できる環境もあるというのはそれだけでも幸運だと言えます。実際にすべての人がそうやって好きなことに出会えるわけではないし、熱中できるわけでもありません。だから子どもの頃に抱いていた夢が大人になってから変わっても何の問題もないのです。子どもの頃からの夢を叶えられなかった人たちはみんなダメな人たちかというと、そんなことはありませんよね？

別に負けたわけでもないし、人生の落伍者ってわけでもないのですから。

夢というのは変更可能です。別に変えてもいいものなんです。

もちろん、何もしないでただ夢だけを見ていても夢は叶いませんよ。そんな夢を何回変更したとしても夢が実現する可能性は低いままでしょう。でも「幼い頃に描いた夢はなにがなんでも実現しなければならない」っていうルールなんてないのです。特に幼い頃はまだまだ世の中にどんな職業があるかもわかりません。情報が少ないのです。

中学校に行って初めて知る職業もあれば、中学を卒業してから知った職業情報を元に、自分の夢を書き換えていく人だっています。

時代が変わるごとに新しく生まれる職業や反対になくなっていく職業だってあるでしょう。

たとえば今はほとんど見かけなくなったエレベーターガール。百貨店に行ったりすると必ずといっていいほどエレベーターガールがいて乗り込もうとすると「上にまいります」と言って上に行くか下に行くかを教えてくれる。何階で降りるかを聞いてボタンを押してくれる。「チーン」と鳴ったら「何階でございます」と言って停止した階のフロアの説明をしてくれる。現在も一部の百貨店などでエレベーターガールがいる所もあるみたいですが、今ではエレベーター自体が喋るようになりましたね。エレベーターガールをしていた女性にとってエレベーターは自分の持ち場であり、密室で長時間直立していなくてはならないため、疲労もストレスもたまりやすかったようですが、むかしはそんなエレベーターガールに憧れた女性も多かったと聞きます。

他にもなくなった職業があります。

むかしは電車に乗る時も駅の改札で駅員さんが一枚一枚キップを切っていました。でも今では自動改札機になっています。時代の流れの中でなくなっていった職業と共に、なりたかった夢を違う夢に変えていった人も多いことでしょう。そしてこの先ますますデジタル化されてなくなっていく仕事もあれば、新しく必要となってくる仕事もでてくると予想されます。そう考えたら未来になって、ようやく自分のやりたい夢や仕事と出会える可能性だってあるわけです。

現に僕たちが小学生の頃には想像もしていなかった職業が現在では存在しています。たとえば今のインターネットが普及している世の中なんて、僕が小さい頃には想像もできませんでした。ポケベルが鳴ったら公衆電話から電話していた時代にも、まさかこれほどまで携帯電話が普及して、メールしたり、写真を撮ったりできるなんて思いもしなかった。今ではスマホでもっと色んなことができるし、これからの数年でまた新しいことが生まれてくるでしょう。

このように時代の流れは急速です。その中でひとつの夢に執着して苦しむより、新たに知った情報を元に時代に合わせて自分の目標を改めるのも大切ではないかと思うのです。

僕自身も歌手になりたかったという夢を突き詰めて考えた時、「人の心を癒せる存在になりたい」という真の目標に辿り着きました。

そして心理カウンセラーとなり、２０１１年2月にブログを書き始めました。同じ時期にメールマガジンの発行も始めています。最初は僕一人しかいなかった読者も毎日欠かさずに書き続けたことにより、２０１５年12月現在では３０００人以上になりました。本当に有り難いです。

個人がブログやメルマガを書いて、世界中の人にメッセージを送れる。こんなことができるなんて誰が想像していたでしょう？　僕自身も想像していなかった現実が今、目の前で起こっているのです。

だから子どもの頃からの夢に執着する必要はありません。それをあきらめても夢は叶います。だって自分で新たな夢を見つければいいのですから。

あきらめなければ夢は叶う。それは確かにそうかもしれない。
でも僕はあえてこう言いたい。「それをあきらめても夢は叶う！」と。

あきらめの29

三日坊主のススメ

「私は何をやっても続かないんです」

「何かを始めてもいつも三日坊主で終わるんです」


このように言う人は一見するとダメな人のように思われがちですが、実は可能性の塊です。なぜなら自分に何が向いていて、何が向いていないのか？　それはやってみないとわからないからです。

大切なのは、まず「始める」ということです。

世の中にはやろうと思ってもなかなか一歩が踏み出せない人や、やろうとさえ思えない人もいます。それなのに実際に何かを始めて三日も続けることができるなんて大したものです。一日やるのも難しい人からしてみたら「三日もできるなんてスゴイ！」と思われているかもしれません。


三日坊主と聞くと飽きっぽい人と捉えることもできますが、違った視点から見ると好奇心旺盛と言えます。好奇心が人一倍強いから、色々なことに手を出してみるのかもしれません。

しかし多くの人は三日坊主は良くないことだと思っています。だから一度始めたら最後までやらなきゃいけないと考えたり、途中であきらめたらダメだとまで考えます。

でも、三日坊主はダメなことだと思ってしまうと、やってみたいことがあってもなかなか始めることさえできなくなるかもしれません。

なぜなら「途中でやめてはいけない」と考えてしまうことで、「それなら最初から始めない方がいい」とまで考えてしまうからです。


でも、もし**三日坊主で構わないなら、どんどんチャレンジできる**のではないでしょうか？

チャレンジしてみて得意じゃないなら三日でやめればいい。もう少しやってみなければわからないなら続けてみてもいい。自分が楽しめることなら続ければいいし、向いていないと思ったのなら、あきらめて次に進めばいいのです。

たとえ三日であっても、何もしていない人よりは確実に経験値がアップしているのだから。

それに向いていないことを何年も続けるより、三日坊主でポンポン次に進む人のほうが、好きなことや得意なことに出会えるチャンスも多いでしょう。

三日坊主も１００回繰り返せば３００日になります。

そう考えたら三日坊主もなかなか侮れませんよね？


僕は２０１１年2月にブログとメルマガを始め、２０１５年12月現在まで1日も欠かさずに書き続けています。しかしこんな僕も最初は三日坊主でした。

２００７年に初めてブログを開設して日記を書き始めましたが、続かずに終了。その後も何度かテーマを変えてブログを開設するも続きませんでした。

そうやって10回以上ブログを作ってはヤメ、作ってはヤメを繰り返し、現在のブログのスタイルに辿り着き、メルマガを発行し、こうして出版するまでに至ったのです。

何かを始めたいと思いながらも一歩も踏みだせない人がいます。そういう人にとっては最初の一歩を踏みだすだけでもスゴいことです。さらに三日も続けることができる人は輝いて見えるかもしれませんね。

「三日しか続かない」そう考えるより**「三日も続けることができる」**と考えたほうが人生は明るくなるし、言ってみれば人間なんて誰もがみんな三日坊主です。だから途中でやめてもあきらめても構わないのです。三日坊主を恐れて何も始めない人より、はるかに人生経験は豊かになるのですから。

間違った方向でも一歩踏みだし始めるほうがいい。
今より前に進めたら途中で方向転換することもできる。

あきらめの30

飛べない鳥もいる

何をするにしても、それなりの能力というのは必要です。どんなに頑張っても能力のない人には到達できないレベルがあり、それは努力や気合いだけではどうにもなりません。生物に個体差があるのは当然なのです。生物は高等になるほど個体差は大きくなると言います。ミジンコのような小さな生物の個体差はそれほどありませんが、鳥や猿のようになれば個体差も大きくなります。

それが人間だと個体差はもっと大きくなります。体の大きさだけでなく、力の強さ、脳の発達度合もそれぞれ違ってくるし、各種才能の差も大きく開いてきます。ですから、どれだけ頑張っても越えられない壁は存在するのです。

一生懸命に何かに取り組んでいると、人はそういう〝越えられない壁〟にぶち当たります。たとえばカッコいい男になりたいとオシャレに気を配っても身長の壁にぶち当たったり、好きな人と出会っても価値観の違いという壁にぶち当たることがあります。人種の違いや能力の違いもあり、これらの壁はどれだけ努力しても越えられるものではありません。だから、もしそのような越えられない壁にぶち当たったとしても、落ち込んだり悩んだりする必要はないのです。なぜなら**生物には個体差があり、個体によってできることとできないことがあって当然**なのですから。

人生を楽しんで生きるにはできないことはできないとあきらめて、自分のできることに集中して生きた方がいい。もちろん最初からあきらめてしまっては自分の可能性を閉ざすことになりますので、限界までチャレンジするのは素晴らしいと思います。しかしできなかったとしてもあまりその結果にこだわりすぎないで、自分の能力を生かせることを考えてみましょう。

能力とはわかりやすいものばかりとは限りません。小さい頃から絵が上手な才能を持っていた子は、周囲の大人や友だちから「絵がうまいね」と褒められて自信をつけていきます。走るのが速い子は「走るの速いね」と言われて、運動会でスターにだってなれるかもしれません。しかしこのようにわかりやすい能力ばかりではなく、自分でもよくわからない能力というのも存在します。

たとえば頭が格段に良いわけでもなく仕事が人一倍できるわけでもないのに、なぜかその人がいると人の輪ができて物事がスムースに進んでいく。あなたの周りにもそんな人がいませんか？　その人には「こんな才能がある」と明言するのは難しいですが、何かしらの才能、能力があるのは間違いありません。このようなわかりにくい能力は周囲の人だけでなく、自分自身でも気づかないことが多いです。だからこそ、「自分にはどんな能力があるだろう」と自分を見つめてみるのが大切なのです。

あなたにはあなただけの能力があります。それを上手に生かしながら楽しめる生き方を選べばいいのです。もちろん中には自分の体や心に鞭打って、努力に努力を重ねて成功を勝ち取る人もいるでしょう。しかしそれができないからといって、自分を恥じる必要はどこにもありません。

飛べない鳥もいるのです。

才能とは求めたからといって与えられるものではありません。繊細な人の心は傷つきやすいし、努力や気合いや根性だけじゃ厳しい状況はいくらでもあります。それなのに「飛べない鳥なんていない」「努力すれば必ず飛べるようになる」と言っているだけでは何の解決にもなりません。そういう時には「飛べない鳥もいる」という事実を明らかにして、その上でできることを考えるべきなのです。

飛べない鳥がいたっていいんだと受け入れて下さい。

「飛べない鳥には価値がない」という歪んだ考え方をしたままでは、「なんとかして飛ばせよう」とばかりしてしまいます。でも飛べない鳥を無理やり飛ばせようとすることが、その鳥にとって本当に幸せなことでしょうか？　飛べないなら飛べないなりに生きる方法を探す方が、その鳥にとって幸せだと思いませんか？

何をするにしてもそれなりの能力は必要です。そして生物である以上、個体差があるのも仕方ありません。だから越えられない壁にぶち当たったとしても落胆しすぎずに、自分で楽しめる人生を選択していくほうがいいですね。

才能は求める人間に与えられるものではない。
だからあきらめて自分を生かせる道へ進んでいこう。

あきらめの31

スラムダンクから学ぶ〝あきらめる勇気〟

『SLAM《スラム》 DUNK《ダンク》（集英社）』というマンガがあります。とても胸を熱くしてくれるマンガです。そして何度読んでも気づかされることが多い。このマンガの中でも特に学べるのが〝あきらめることの大切さ〟です。

『スラムダンク』というと安西先生の「あきらめたらそこで試合終了だよ」というセリフが有名です。だから多くの人が〝最後まであきらめない気持ちの大切さ〟ばかりに目がいってしまいがちです。

確かにここで使われている「あきらめる」は途中で投げだすことを指しています。しかし『スラムダンク』ではあきらめないことの大切さだけじゃなく、あきらめる大切さもたくさん描かれています。

何かを〝あきらめない〟ためには必ず何かを〝あきらめる〟必要があります。たとえば小学生の頃からバスケ一筋で、すべてをバスケットに懸けてきた赤木キャプテンは、ケガをして足を痛めても、今という瞬間にすべてを懸けました。「試合後にぶっ倒れて歩けなくなっても構わない」と、やっと掴んだチャンスだからこそ、未来をあきらめる覚悟を決めました。そして現在にすべてを懸けたのです。

これは主人公である桜木花道も同じでした。

山王工業との試合で背中を痛めた桜木は「オレの栄光時代は今なんだ」と言って、選手生命が終わってしまう覚悟で試合にでます。「二度とバスケットができないかもしれない」「選手生命は終わってしまうかもしれない」そんな不安もあったことでしょう。しかし「そうなったらなったで仕方ない」とあきらめたことにより、今という瞬間にすべてを懸けることができたのです。

思えば桜木は〝あきらめの連続〟でした。

まったくの未経験者である桜木は経験者と同じようにはいきません。だからまずはみっちりと基礎を身につける必要があるので、みんなと同じように練習するのはあきらめる必要がありました。渋々ながらも「自分は初心者だ」と認め、みんなと同じようにプレイするのをあきらめました。それでも彼は〝自分なりになんとかしようとする気持ち〟が強くあったため、上達のスピードがとても速かったのです。

自分にできないことはできないとあきらめて、自分に今できることをするというのは生きていく上でもとても大切なことです。

エースである流川の場合はスタミナが切れてしまったため、交代するしかありませんでした。どれだけ試合に出続けたいと思っても体力が限界なら、あとは仲間に任せて自分がプレイするのはあきらめなければなりません。しかし自分がプレイするのをあきらめたからといって、チームとしての勝利まであきらめる必要はありません。

たとえば陵南高校の魚住選手は自分がチームの主役になることをあきらめて、脇役に徹することでチームを勝利へと導く道を選びました。赤木キャプテンも山王工業の河田選手に対して「おそらく負けるだろう」とあきらめましたが、チームの勝利はあきらめていません。1対1の勝負で勝てなくても、チームとしての勝利を選ぶ道はあります。自分が主役になるのをあきらめ、引き立て役になるという道もあります。そういったあきらめがあるからこそ、チームを勝利へと導くことができるようにもなるのです。

このマンガの中にも出てきた話ですが、刺身には褄《つま》と剣《けん》がついています。一般的に大根の千切りは「剣」と呼ばれ、刺身に寄り添うかたちで添えられている飾り野菜や海藻のことは「褄」と呼ばれています。この褄と剣があるから刺身がより引き立つように、人生でも引き立て役がいるからこそ、主役が引き立つのです。

自分が勝てないなら勝てないとあきらめるしかありません。しかし1対1で負けるからといってチームとして負けるとは限らないのです。だから自分が引き立て役になって仲間の才能を発揮させてあげればいいのです。個人的な勝利をあきらめたからといってチームとしての勝利まであきらめる必要はないのだから。

バスケット選手といえば、背が高い選手ばかりですが、この〝背が高い〟というのも立派な才能のひとつです。体力や技術は身につけることができるでしょうが、身長を大きくすることはできません。しかし低い身長でもその低さを生かしてプレイする選手もいます。

それが宮城リョータ選手です。彼は身長が低いですが、どれだけ頑張って努力しても身長を高くすることはできません。だからそれは〝あきらめる〟しかないのです。しかしあきらめたことにより、自分の背の低さを生かせる道が見えてきます。小学生の頃から自分より大きい選手ばかり相手にしてきた彼はコート上で誰よりも速く動きます。「ドリブルこそチビの生きる道」と言って、自分よりはるかに大きい選手たちに立ち向かっていく勇気を身に着けてきたのです。

自分より大きい選手や自分たちより強い選手と戦う時、誰もが恐怖心を抱くものです。恐怖心というのは誰にでもあります。それは何かに挑戦する時でも同じことが言えるでしょう。誰でも何か初めてのことに挑戦する時には恐怖心を抱きます。しかしその恐怖を見ないふりをしていてはいけません。そんな時は「誰もが恐怖心を抱くものだ」とあきらめることが大切なのです。そうして自分の恐怖心から逃げずに受けとめることで、落ち着いた状態で挑むことができるようになります。

『トム・ソーヤーの冒険』の著者マーク・トウェインは勇気についてこう言いました。

「勇気とは恐怖心を抱かないことじゃなく、恐怖を認め、克服することだ」

そう、勇気とは恐怖心を抱かないことではなく、それをありのままに受け入れることです。弱い自分がいる。恐がっている自分がいる。それも自分なんだと認め、受け入れることができたら、それを克服するための道もきっと見つかります。

戦うだけが勇気ではありません。時には逃げるのも勇気です。頑張るだけが勇気ではありません。時には頑張らないことも勇気なのです。同じようにあきらめないことだけが勇気ではなく、時にはあきらめることだって勇気だと言えますね。

何より勇気は弱さを認めることから生まれます。

だから周囲の目や世間体ばかり気にせず、時には嫌われる勇気を持って何かに挑戦してみるのもいい。あきらめないで何かに取り組むことも大切だけど、時にはあきらめる勇気を持って何かを学んでみるのもいいでしょう。自分の弱さをあるがままに受け入れて、そこから道を切り開いていこうと決意すれば、自分の中から本当の勇気が生まれるはずだから。


本当の勇気とは言い換えると自分の欠点を認め、それを受け入れる〝あきらめる勇気〟と言えます。自分の弱さを認めると自分の欠点にも気づくかもしれません。そして実はその欠点こそが、あなたを輝かせる要素でもあるのです。

作者の井上雄彦さんは以前あるインタビューで**「キャラクターを作る時には完ぺきな人間にはしないで、必ず欠点を持たせるようにしています」**と答えています。

考えてみると『スラムダンク』に登場する選手たちにはみんなそれぞれの欠点があります。

桜木花道は才能はありますが経験が少ない。宮城リョータは素早いですが身長が低い。三井寿は3ポイントシュートという武器がありますが、スタミナがない。

このように登場人物に欠点を持たせることによって、その人物の魅力が増すのです。

世の中に完ぺきな人はいません。どんな選手にだって欠点があるように、どんな人にだって欠点があります。しかしその欠点を取り除くことで、その人の魅力まで消えてしまうことに繋がるかもしれません。なぜならもともと長所と欠点は表裏一体を成すものだからです。

「欠点」という字は〝欠かせない点〟と書きます。だからもしかしたらあなたが欠点だと思っている点は、欠けている点ではなく、あなたに欠かせない大切な要素なのかもしれませんよ。だとしたら、欠点という雑草を取り除くのに長所の根まで抜いてしまってはもったいないですね。欠点がなくなることは逆にあなたの魅力を半減させてしまうかもしれないのですから。

人は誰にだって欠点があります。オールマイティの人なんて存在しません。だからこそ、その欠点が魅力を増す要素にもなるのです。だから欠点を消すことばかりに意識を向けるのではなく、長所を伸ばすことに意識を向けてみよう。多少の欠点や苦手は誰にだってありますし、あって構いません。何かひとつかふたつ「これだけは絶対に負けない！」と自信を持って言える能力があれば、それでいいのです。自分の欠点を受け入れれば、あなた本来の性格のままで人を引き付けることができるでしょう。そして長所を伸ばしていくことによって、あなたの魅力はますます輝きを増していくはずだから。

あきらめないためにあきらめるべきことがたくさんある。
自分の欠点を受け入れて、〝あきらめる勇気〟を持とう。

あきらめの32

本当にあきらめたらそこで終了なのか？

「あきらめたらそこで試合終了だよ」

先ほど紹介したマンガ『スラムダンク』の安西先生の言葉です。確かにスポーツの試合中に「もうダメだ…」とあきらめてしまっては、そこから勝利することは難しいでしょう。だから最後の最後まであきらめずに頑張る執念の大切さは痛いほど良くわかります。

しかしこれが人生となると少し違ってきます。人生では何かをあきらめてもそこで終わりではありません。それどころか人生はあきらめの連続です。僕たちはこれまでも大人になる過程で必ず何かをあきらめて生きてきました。

「どうしてもあきらめたくない」そんなこともあったかもしれません。それでも歯を食いしばってあきらめてきたからこそ、現在があるのです。

「あきらめるな！　あきらめたらそこで終了だ！」というメッセージは、確かに美しく響きます。美しいがゆえにそのセリフを言っても誰も非難したりはしないでしょう。それどころか競争社会で生きている現代人は「あきらめずに頑張らなきゃいけない」というプレッシャーに苦しむことになり、余計に「あきらめるな！」というメッセージは強調されていきます。しかし人生ではあきらめることとあきらめないことのバランスを上手に取らなければ生きられません。

それなのに「あきらめるな」というメッセージばかりが溢れていては、現実が見えない人たちが増えてしまいます。人間は誰もが歳を重ねる毎に現実を知り、ひとつずつ何かをあきらめて生きていく必要があるのです。だから**「あきらめるメリット」をもっと考えるべき**ではないでしょうか？


もちろん、何かを成し遂げたいなら、あきらめないで努力することは大切です。しかしどう頑張っても成し遂げられないことだってあるのです。そんな時、一時的には自分の才能の無さや運の無さに嘆くかもしれませんが、その夢を終了させなければ前に進めません。なぜなら僕たちの時間は限られているからです。

人生は有限です。叶わない夢をいつまで見ていても時間は過ぎ去るだけです。これは恋愛でも同じです。終わった恋をあきらめきれずにいつまでも引きずっていても仕方ないでしょう。限られた時間を有効に使うためにも、目を覚ますことが大切なのです。そうしてあきらめて目覚めることによって、一気に現実が見えるようになるからです。

現実が見えるようになれば、また新たに何かを始めることもできるようになるでしょう。そうするとそのあきらめて終わらせた夢や恋愛が、自分が生きていくために必要な人生経験となって生きてくるのです。それを活かしてスタートすればいいのです。

「あきらめたら終わり。だからあきらめなければ終わりじゃない」こんなふうに考える人が多いですが、人生では終わらせないと新たに始めることができないことはたくさんあります。次へのスタートを切るために〝あきらめる〟というひとつの区切りが必要になる場面が多々あるのです。

だからあきらめを次へのスタートだと捉えてみよう。そして次の試合を目指してまた歩きだせばいいのです。多くの人があきらめるとは何かを失うことだと考えている。しかしあきらめることによって新しく何かを得る時もあると忘れないでいきましょう。

最後まで希望を捨ててはいけない。
あきらめても、またそこからスタートできるのだから。

4章

仏教心理学に学ぶ
あきらめる生き方

あきらめの33

釈迦が教えた「子どもを生き返らせる薬」とは？

大昔のインドの話で〝お釈迦さまのからし種の話〟があります。現代でも「キサーゴータミーの譬《ひ》喩《ゆ》」として伝えられているこのようなお話です。

その昔、インドにゴータミーという女性がいました。彼女はとても痩せていたのでキサー《痩せた》ゴータミーと呼ばれていました。彼女はひどく貧しい家で生活していましたが、やがてひとりの男性と結婚します。そしてかわいい男の子を産みました。

しかしその男の子は生まれて間もなく病気で死んでしまいます。彼女は嘆き悲しみました。

最愛の息子の死が受け入れることができず、半狂乱になった彼女は男の子の亡骸を抱えて走り回りました。そして「誰かこの子を生き返らせる薬をください」と叫び続けたのです。

でも誰もそんな薬を持っていません。

ある男性が彼女に「人は誰でも死ぬんだよ」と諭そうとしましたが、彼女の心には届きませんでした。男性は「子どもが死んだショックで気が狂った彼女を救えるのはお釈迦さましかいない」と考え、彼女を釈迦の元に連れて行きます。

釈迦の前で彼女は泣きながら大声で叫びました。

「この子を生き返らせる薬をください」と。

するとと釈迦は優しく言いました。

「よろしい。私がその薬を作ってあげよう」

そしてその薬を作るために必要な材料を持ってくるよう彼女に言いました。

「では、ひとつかみのからし種を貰ってきなさい」

からし種というのはインドでは大抵どこの家にも置いてあるものです。日本で考えるとお味噌のような感覚でしょうか。まぁ今の時代にはあまりないかもしれませんが、お隣さんやご近所さんに「ちょっとお味噌わけてくれない？」といったら「うん、いいよ」って感じでわけてもらえる。そんな感じでインドでからし種をもらうのは難しくない、比較的カンタンだということです。

「ただし…」

と釈迦は彼女にひとつだけ条件を付けました。それは**「一度も死者を出したことのない人の家から貰ったからし種でなくてはならない」**というものでした。

彼女は「わかりました。すぐに貰ってきます」と言って喜び、何軒もの家を回りました。そしてどの家にも〝からし種〟はあったのです。しかし一度も死者を出したことのない人の家から貰うのが条件です。彼女がどれだけ家々を訪ね歩いても、釈迦が言った条件にあう家など見つかりません。

そうやって何日もかけて条件にあうからし種を探し回るうちに、少しずつ彼女も正気を取り戻していきました。そして気づいたのです。

「誰もが親を亡くしたり、兄弟や大切な家族を失った悲しみを乗り越えて生きている。自分の子だけが死んだんじゃない。死はこの世に生をうけたすべての人の定めなのだ」ということに。

誰もが誰かの死による離別を経験している。悲しみや苦しみを経験しないで生きている人なんていない。それに気づいた彼女もやがて、その悲しみを乗り越えて立ち直っていきます。

人はどんなに努力しても変えられない現実を目の当たりにした時、多くのことを学びます。

「あきらめたくない」というのは言い換えれば「事実に直面したくない」といって目を背けている状態です。

でもその事実を受け入れなければ前に進めません。

キサーゴータミーのようにどうにもならないことを何とかしようともがき苦しんでも、どうにもならないことはどうにもならないのです。頑張って何とかなることなら頑張ればいいでしょう。しかしどう頑張ってもどうにもならないことがある。どれだけ頑張っても何ともならないこともある。そんな時は頑張るんじゃなく、あきらめることが大切なのです。

もしあなたの家にからし種を求めてキサーゴータミーがきたら、どうしますか？

あなたは何日もかけて条件にあうからし種を探し続ける彼女に「頑張れ！　頑張れ！　諦めるな！　必ず見つかるはずだから！」なんて言葉を投げかけるでしょうか？

「見つからないのは努力が足りないからだ」「彼女はもっと努力して見つけるべきだ」と考えますか？

現代でも最愛の人を失った喪失から悲哀性のうつ病になる人は多くいます。最愛の人が亡くなることはつらくて苦しいことです。抗うつ薬を投与しても心の傷までは癒せません。もし薬を飲んだ途端に「もう傷は癒えました。すっかり元気です」なんて言う人がいたら、そのほうが心配になります。

心のショックから立ち直っていくのには、それなりの時間が必要なのです。だから時間をかけても構わないから、どうにもならないことをあきらめる勇気を持とう。現実をあるがままに受け入れて、あせらず少しずつそこから立ち直ればいいのですから。

頑張るのではなく、あきらめること。事実を明らめて初めて前に進める。

あきらめの34

ユングの心理療法と仏教の経典

先ほどのキサーゴータミーのように子どもが死んでしまったのだとあきらめるには、まずその子が死んでしまっているという事実を自分の心の中で明らかにしなければなりません。人は自分にあまり関係のない人の死であれば、すぐあきらめられます。しかし身近な人の死は、生前その人と親しかったなら親しかったほどカンタンには受け入れることができなくなります。

生きることは楽しいことばかりではありません。辛く苦しいこともあります。これは何も「人が生きるのは苦でしかない」と言っているのではありません。そして人生は楽しいことばかりだと思って生きるのが悪いと言っているのでもありません。ただ人生は楽しいものだと考えて生きていると辛いことや悲しいことがあった時に「なんで私だけが…」となってしまう危険があります。そう、先ほどのお話のキサーゴータミーのように。

仏教では「人生は苦を背負って生きていく道である」と言われています。

ここでいう苦とは「自分の思い通りにならない」ということです。仏教と心理学は関係がないように思われる人もいるかもしれません。しかし日本の仏教的な意識は、心の病を癒す力を持っています。

ユング心理学を創始したカール・グスタフ・ユングも**自分の心理療法が仏教の経典に述べられていることに深く関連していることを理解していた**といいます。

かつてユングは心理学が宗教と科学の境界を越えると信じ、フロイトと袂を分かつことになっても独自の概念を貫きました。そしてユングは人間の無意識の奥底には、〝集合的無意識〟が存在すると考え、すべてのものは集合的無意識で繋がっていると考えたのです。

つまり僕たち個人の意識の奥底には、潜在意識（無意識）があり、さらにその奥底には人類が共有している集合的無意識があり、すべての人間、生き物は心の奥底ではすべて繋がっているということです。

このように考えるユングの思想は仏教に大変近いものがあります。仏教で「人生は苦なり」と言うように、人生は思うようにはいかないことが多々あります。その中で上手にあきらめながら生きることが、苦しまないで生きる上で大切なのです。

そのためには「ないものはない」とあきらめながら生きなければなりません。失ったものはもうあきらめて、自分が持っているモノに目を向けることです。生きていると苦しいことや辛いこともあります。しかし苦しいばかりでもありません。上手にあきらめたら、楽しみながら生きることもできるのです。

この世のあらゆるものは生じ滅していきます。すべての現象は絶えず変化しているのです。これを仏教用語では「諸行無常」と言います。ここ最近、仏教に強い関心を寄せる心理療法家たちが増えてきていますが、それは仏教と心理学が密接に関わっているからかもしれません。かつてユングの元を訪れる患者は強迫行為などの「症候」に悩む人々がほとんどでした。しかし現代では現代ならではの悩みを抱える人が増えています。

そんな現代の悩みを解決するヒントが仏教や心理学の中にあるのです。

すべては移ろい変わっていく。人生とは思うとおりにいかないことが多々ある。そう、あきらめた上で自分の持っているモノに目を向けていくことです。そうすることで自分で生きやすい道を選んで、進んでいくことができるはずだから。

ないものはないとあきらめて、
持っているモノに目を向けてみよう。

あきらめの35

人間は自然によって生かされている

文明が発達して人類は多くのことをコントロールできるようになりました。そして今、人間は自然や命ですらコントロールしようとしています。コントロールできることが多くなればなるほど、思い通りにならないことに苛立ち、ふいに自然災害が起こると目にしたことのない自然の猛威に心が打ち砕かれそうになる。中には自然に対して敵意を持つ人もいる。しかし自然と共存している僕たちにとって自然災害はどうしようもないことです。それなのに人間の思う通りにならないからといって自然を敵だと見なすのはおかしいと思いませんか？　僕たち人間は自然に生きているのではなく、自然によって生かされているのです。

それなのに現代を生きる人たちは、コントロールできない自然をもコントロールしようとしてしまっている。コントロールできない自然をもコントロールしようとするから、人類は不自然なものになってしまう。

「なんでもコントロールできるのに、なぜ自然だけが思い通りにならないのか」

このように考えるのは人間の傲慢と言えるのではないでしょうか？　人間は自然と生きているんじゃなくて、自然に生かされているという感謝を忘れてしまっては人類に明るい未来はありません。

人間は地上のすべてを理解しているわけではありません。

確かに今は本当になんでもできる便利な時代です。遠く離れた場所にいても携帯電話で話せるし、その気になれば車や電車、飛行機でどこへでも行けます。夏は冷房で涼しく、冬は暖房で暖かい。医学の発達で癌も手術で取り除くことができるようになりました。なんでも便利な時代の中で人は、なんでも思うようにいくことが当たり前だと思うようになってしまいます。そう思うようになると、思うようにならない人生に苛立ち始めます。そして人生が思うようにならないのは単に努力不足だからだと片づけられるようになるのです。

でも人生とは本来思う通りにはならないものです。昔から大自然の中で生きるインディアンたちは、自然という巨大な営みの中では思うようにならないことだらけだと知っていました。だからこそ、忍耐強いのです。

自然から離れて生きる僕たちは思うようにならない逆境の中で生きるのが人生だということを忘れてしまっているのかもしれません。自然災害の前でどれだけ憎しみを口にし、攻撃的になっても何も変わりません。突然大雨が降りだすこともあるし、逆に雨が降らなくて困る時もあるでしょう。自然は思うようになりません。僕たち人間は自然に生かされているのです。

晴れの日は好きだけど、雨の日は嫌いだと言う人がいます。自然を愛しているけど自然災害は嫌いだと言う人がいます。でも晴れの日しか愛せない人は本当に自然を愛している人とは言えません。なぜなら、それは自分の都合を愛しているにすぎないからです。

自然を愛するというのは、晴れの日だけじゃなく、雨の日も曇りの日も嵐の日だって同じように〝受け入れる〟ことです。

これは人生でも同じです。生きていると楽しいことや嬉しいことばかりではありません。辛い気持ちになる時もあるし、悲しんだり、傷つくことだってあります。でも傷ついた分だけ人に優しくもなれるし、傷ついたからこそ感じられる幸せもあります。そう考えたら人生には喜びや楽しさだけじゃなく、辛さや悲しみも必要なのかもしれませんね。

雨の日がなければ、晴れの日の素晴らしさもわかりません。冬の寒く厳しい季節を知っているからこそ、春の暖かさだって感じることができるのです。

だから、人生にはうまくいく日々だけじゃなく、思うようにいかない日々もあるとあきらめましょう。悲しみや辛さや痛みも受け入れて、その中から何かを学び成長していくことが大切です。

人間は自然に生きているのではない。
自然によって生かされているのだ。

あきらめの36

四つの諦めと八つの道

お釈迦さまが人間の苦を救うために説いた教えの中に**「四諦《したい》」**というのがあります。四諦とは四つの諦めと書きます。これはつまり明らかにする悟りのことで**「苦集滅道《くじゅうめつどう》」**の四つの真理からなります。

この四諦の教えは四苦八苦《しくはっく》を滅する方法として説かれています。

四苦八苦とは仏教による苦の部類で、ここでいう苦というのも「思うとおりにならない」ということです。四苦八苦の四苦とは、生まれた瞬間から誰も逃れることのできない**「生老病死《しょうろうびょうし》」**の四つの苦をさします。

生苦とは、生まれる苦しみ。
老苦とは、老いていく苦しみ。
病苦とは、病気を患う苦しみ。
死苦とは、いつか死ぬという苦しみ。

そしてこの四つに次の愛別離苦《あいべつりく》、怨憎会苦《おんぞうえく》、求不得苦《ぐふとっく》、五蘊盛苦《ごうんじょうく》の四苦を加えたものが八苦と言われています。


愛別離苦とは、愛する者と別れ、離れなければならない苦しみ。

怨憎会苦とは、怨み憎しみを抱く人と出会わなければならない苦しみ。

求不得苦とは、求めるものを得ることができない苦しみ。

五蘊盛苦とは、五つの要素に執着する苦しみ。


これらの苦しみは、人生において避けて通れない苦しみと言われています。

そしてこの四苦八苦を背負いながらも、希望を持って明るく生きるための道をお釈迦さまは悟りました。それが「苦諦《くたい》」「集諦《じったい》」「滅諦《めったい》」「道諦《どうたい》」の四つの諦、「四諦」という悟りです。


ではこの四諦をひとつずつ説明していきます。


まず「苦諦」とは何かというと「人生は苦である」と諦める（悟る）ことです。そして「集諦」はその人生の苦には必ず原因があり、その原因は自分の中にあると諦める（悟る）こと。

次に「滅諦」とは苦の原因が自分の心の持ち方にあるとわかったのなら、その執着を滅して諦める

（悟る）こと。

最後に「道諦」とは苦を滅する道は苦から逃れようと努力することではなく、執着を諦めて（悟って）正しい八つの道を実践することです。

この八つの道を**「八正道《はっしょうどう》」**と言います。

八正道は「正見《しょうけん》（正しい物の見方）」「正思《しょうし》（正しい心の持ち方）」「正語《しょうご》（正しい言葉遣い）」「正業《しょうごう》（正しい行動）」「正命《しょうみょう》（正しい生活）」「正精進《しょうしょうじん》（正しい努力精進）」「正念《しょうねん》（正しく教えを憶念する）」「正定《しょうじょう》（正しい禅定の修習）」のことです。この八正道で使用した「正しい」とは真理にあった思考や行動のことをさします。

「四諦」という四つの諦めと「八正道」という八つの道を悟ることが人生の苦を滅する方法だとお釈迦さまは説かれたのです。

わかりやすく言うと人生は苦しいこともあるけど、楽しいことだってある。そんな楽しいこともずっと続かないし、苦しいことだってずっと続かない。すべてのものは生じ、変化し、やがて滅するということです。それなのに僕たちは目の前のものに執着し「自分」にとらわれてしまいがちです。

執着やこだわりから解き放たれたら、今よりずっとずっと生きやすくなります。あきらめるべきことをあきらめ、その中で自分にとって本当に大切なものを育んでいくことです。もしかしたら辛さや苦しみは、自分を成長させていくために欠かせない糧なのかもしれませんね。

「人生は苦しみながら修行する場所である」

これは仏教の教えですが、キリスト教でも人は生きていることが原罪で、人は罪の中で生きていると言われています。仏教やキリスト教について色々と書いていますが、僕は何か特定の宗教に所属しているわけではありません。だからこそ、こうして色んな教えから学べるのだと思います。さまざまな教えの中であなたがどう感じるかは自由です。しかしどうせなら自分の生きやすい生き方をする方がいいですよね？

日本の神さまって大昔から凄く優しいイメージです。

日本には昔から「八百万《やおよろず》の神」といって、神さまはどこにでもいるし、たくさんいるんだよ。っていう考えを持っています。だからひとつの考え方に囚われたり、執着するのではなく、色んな視点で物事を見ていきたいですね。

神社も行くし、お寺にも行く。クリスマスには子どもたちと「メリークリスマス！」って言いながら騒ぐし、ハロウィンの日も楽しむ。僕を含めて日本人の多くはそういう人って多いのではないでしょうか？

でも、それでいいじゃないですか。自分の人生を楽しみましょうよ。

別に僕はお釈迦さまの話をだして「さぁあなたも悟りを開こう」なんて言いたいのではありません。過去の賢い人たちの色んな考え方を参考にしながら、自分の心の持ち方をほんの少し変えてみようってことなんです。

特定の宗教を持たない日本人は世界から見たらおかしいとか恥だという意見もあります。

宗教文化の中で育った外国人は、信仰がないというと驚きます。そして外国人の〝そんな目〟を気にして「日本人は恥ずかしい」なんて言う人もいます。でも僕は恥どころか日本ほどすばらしい国はないと思っています。逆に外国人や周りの目を気にして「恥ずかしい」なんて言っている人のほうが恥ずかしい人なのではないでしょうか？

日本には日本の文化があります。背の高い外国人を見て「日本人は背が低くて恥ずかしい」なんて思った所で何も変わりません。日本という国だって他の国より小さいけれど、だからこそ良い所もたくさんあるでしょう。

だから他の神さまたちを認めて、さまざまな神さまがいてもいいと思うのです。それぞれの国にそれぞれの文化があるように、人間の生き方だってひとつしかないわけじゃないのだから。

何が正しく何が間違いだと議論し始めると争いが起こります。互いの正義を元に宗教戦争が起こる国だってあります。神や仏の名の元に戦争や暴動が起こる国が存在するのです。しかし日本は自由です。偏見や先入観に囚われずにもっと視野を広げて、色んな教えから学んでいくといいですね。

生きていく上であきらめるという道は避けて通れない。
だから気楽にあきらめて身軽に生きよう。

あきらめの37

あきらめは早ければ早いほど良い

アメリカの臨床心理学者であり、論理療法の創始者として知られているアルバート・エリス博士は、人の悩みは出来事そのものにあるのではなく、出来事をどう受けとめるかにあると提唱しました。

これを**「ＡＢＣ理論」**と言います。

多くの人は何か出来事が起きた時、その出来事そのものが感情を生むと考えてしまいがちです。

たとえば…

職場で上司に怒られたから、腹が立った。
友だちに声をかけたのに無視されたから、悲しかった。
朝起きて外を見たら雨が降っていたから、憂鬱になった。

これらを例にだして考えるとまずＡ＝出来事（Activating event）があって、その出来事の結果としてＣ＝感情（Consequence）を抱いているように感じるかもしれません。

しかし出来事そのものが感情を生むのではありません。

出来事が感情を生むにはその間にB＝受け取り方（Belief）があります。これはその出来事をどう解釈するかということでもあり、もともと持っている固定観念でもあります。

先ほどの例のように「職場で上司に怒られた」という出来事があったとします。それを「自分は否定された」と解釈したら「腹が立つ」という感情が生まれます。でもその時に「自分と違う考え方を教えてくれているんだ」と解釈したら、どうでしょう？　腹が立つどころか「学ばしてもらえて有り難いな」って感謝できるかもしれませんよね？

このように出来事に対してどう解釈するかで感情は変化するものなのです。

「朝起きて外を見たら雨が降っていたから、憂鬱になった」というのも、もし出来事そのものが感情を生むのなら、雨が降ったら誰もが憂鬱にならなければなりません。

しかし中には雨が降って喜んでいる人だっています。

今からお話しするのは、つい先日実際に我が家であった出来事です。

ある日、朝起きて窓を開けたら雨が降っていました。それを見て僕が「あぁ、今日は雨やわ」って言いました。すると隣で息子が「ヨッシャー！」って喜んだんです。

僕はビックリしました。そして息子に「なんで喜んでるん？」って聞くと、「だって新しい長ぐつ履いていけるやん!」って、満面の笑みを浮かべてそう言ったのです。息子のその言葉を聞いて、僕も雨に対しての見方が変わりました。

そして、これはまだ僕が10代の頃、建設現場で働いていた時の話です。その頃の僕は毎日のように雨が降るのを楽しみにしていました。なぜかって言うと、実は働くのが嫌だったんです。お恥ずかしい話ですが、僕は非常に怠け者でした。だから僕は雨が降って仕事が休みになると、嬉しくて仕方なかったんです。

朝起きて雨が降っていると親方に電話します。そして親方が「今日は雨やから仕事できへんなぁ」と言ったら、僕は「ホンマっすね。ま、しゃーないっすね」って言いながら、心の中で「ヨッシャー!」でした。はい、言うまでもなく仕事が休みになったら当然給料が減ります。そして結局困るのは僕自身だったのですが…。

「明日は好きな人とデートだから絶対晴れて欲しい」そう思っていたのに朝起きて外を見たら雨が降っていた。そんな時も雨に対しての捉え方でその後が変わってきますね。

「せっかくのデートなのに!」「今すぐやんでほしい」ってどれだけ言っても現実は変わりません。あなたに雨をやませる特殊な力があるのなら、それで雨をやませればいいだけですが、そんな特殊能力は誰も持ち合わせていませんよね? だとしたら雨が降っている状況はもう「しゃーない」とあきらめるしかありません。その上で明るい解釈をすればいいのです。「今日は雨だから一緒に傘に入って歩こう」とか「外は雨だから普段は観に行かない映画でも行こうかな」でもいいでしょう。

このように雨という出来事に対してどのような感情を抱くかは、あなたの解釈ひとつで変わってきます。起きた出来事そのものは変えられないとあきらめて、解釈を変えたほうが気持ちも明るくなることでしょう。

変えられない状況はどうにもならないとあきらめよう。あきらめた上で捉え方を変えれば気持ちは明るくなる。

あきらめの38

不登校は問題児じゃない

先ほど人の感情に影響を及ぼしているのは出来事そのものではなく、その出来事に対しての〝解釈〟であるとお伝えしました。このように言うと、よくある精神論のように「無理してでもポジティブに解釈しろ」と言っているように聞こえるかもしれません。

しかしここで僕が言いたいのは、無理にポジティブに思い込むのではなく、**事実に基づき論理的な物事の見方をしよう**ということです。

そのように悩みを解決していく心理療法がアルバート・エリス博士の提唱した論理療法でもあるのです。

まず起きた出来事に対してビリーフ（解釈）があって感情を生むわけですが、その際とくに不合理な考えによる解釈をイラショナル・ビリーフと呼びます。不合理な考えによる解釈というのは非論理的な思い込みのことで、もともと持っている偏見や先入観からの固定観念でもあります。つまり事実に基づいていない思い込みのことです。

反対に事実に基づいた論理的な解釈を**ラショナル・ビリーフ**と言います。これについては後ほど説明します。イラショナル・ビリーフは、自分の中で勝手に作った「〜でなければならない」という思い込みから成り立っています。そしてその「〜でなければならない」というのが自分の中で常識となり、それに囚われることになります。

たとえば不登校の子どもがいたとします。

学校に行かないことでその子と家族が苦しくなるのは「子どもは学校に行かねばならない」という思い込みがあるからです。「いやいや、学校に行くのは常識じゃないですか」と言うかもしれませんが、その常識そのものが非論理的な思い込みでもあるのです。

もし「不登校は問題児」とか「子どもが学校に行かないのは、家庭に問題があるからでしょ」という思い込みの常識だけじゃなく、「学校には行きたい子どもだけが行けばいいんだよ」とか「エジソンみたいな天才と言われている人たちは、たいてい学校時代は問題児だった」という新しい常識があったとしたらどうでしょう？

その子どもや家族が悩むこともなくなると思いませんか？

「囚《とら》われる」という字は人が枠に閉じ込められている状態を書きます。理想の〝かくあるべき姿〟や常識という枠に囚われるから生きにくくなるのです。だからそんな思い込みに基づいたビリーフを事実に基づくビリーフに変えてあげることです。

たとえば「一度も失敗してはならない」という思い込みがあるなら、それを「失敗はしないに越したことはないけど、失敗から学べることだってある」に変えてあげるといいですね。

「どんな時もあきらめてはならない」という思い込みがあるなら、それを「やれる限りはあきらめずに挑戦したほうがいいけど、あきらめることで見つけられる夢もある」というふうに変えればいいのです。これがラショナル・ビリーフです。

そうするに越したことはないが、別の方法もあるならそれで良しとする。そうやって解釈を変えることで囚われていた心が楽になります。

だからあきらめたってそこで終わりとは限らないし、不登校の児童も問題児なんかじゃない。見方を変えれば、問題児だと思っている不登校児が「学校に行きたくない」と自己主張できるのは〝自分らしさがあるから〟とも言えるのだから。

かくあるべきという〝枠〟に囚われるな。
そうじゃなければならないという確かな理由なんてない。

5章

あきらめたから成功した人たち

あきらめの39

ケンタッキーのチキンはあきらめの結晶

ケンタッキーフライドチキンで有名な、カーネルおじさんことカーネル・サンダースがケンタッキーを作ったのは何歳の時か知っていますか?

なんと65歳の時です。

それまでに40種類も職を変え、ガソリンスタンドを経営した時には大恐慌のあおりを受けて倒産、まさにあきらめの連続で半生が過ぎました。再びガソリンスタンドの経営を始めたカーネルおじさんはそこに小さなレストラン「サンダース・カフェ」を造ります。しかしそこでも火事が起きたり、最愛の息子を亡くすなどの苦難が続きました。やがて新しい道路の建設により、車の流れが変わって店が維持できなくなります。

その店はカーネルおじさんにとって大切な店です。もちろん手放したくはなかったでしょう。しかしカーネルおじさんは「店をあきらめる」という選択をしました。そして自分の編み出したフライドチキンの調理法を他のレストランに売り込み、それをビジネスとして成立させたのです。これが現在、コンビニエンスストアや不動産屋なんかでみられるようになったフランチャイズの始まりです。

もしカーネルおじさんが「サンダース・カフェ」に執着して店を手放さなかったら、おそらく僕たちはケンタッキーフライドチキンを食べることはできていなかったでしょう。そう、だからケンタッキーフライドチキンはカーネルおじさんのあきらめの結晶なのです。色んなことにチャレンジし、そしてあきらめたからこそ、最後にケンタッキーフライドチキンへと辿り着いたのです。

今まで継続してきたことをキッパリやめるには勇気が必要です。周りの目も気になるし、プライドがそれを拒むこともあるでしょう。でもあきらめることは何も敗北するってことではありません。情報に基づいていち早く決心することでもあり、新たに未知の世界へと飛び込むことでもあります。それは古くなった夢を新しい夢に交換することとも言えますね。

「ここまで頑張ってきたんだから、あきらめたくない」
「ここであきらめたら自分じゃなくなってしまう」

そんなふうに思う人もいるかもしれません。でも夢というのは自分の実力がわかるごとに崩れていくものです。崩れた夢をあきらめた時、ひとつの可能性が限定されます。それと同時にもうひとつの可能性がある自分を知る瞬間でもあるのです。

自分のことがわかってきたら、自分が何に向いているかも見えるようになります。今まで気づかなかった自分の可能性や残された自分の可能性に気づけるようになるのです。

生き方はひとつしかないわけではありません。そう、だから「あきらめたらすべてが終わり」ってわけでは決してないのです。そこからさらに磨きをかければ、あきらめが新たなる結晶を生みだすこともあるのだから。

あきらめたからといって今までのあなたが無になるわけじゃない。
あきらめても、あなたはあなたなんだ。

あきらめの40

舘ひろしがあきらめた夢

何年か前にスポーツ新聞で舘ひろしさんの「我が道」というコラムを読ませて頂きました。舘ひろしさんは子どもの時から「医者になりたい」と願っていたが叶わず、建築家を目指したが志は果たせなかったといいます。俳優業は考えてもみなかったそうです。

僕は意外だと感じました。舘ひろしさんといえばドラマ『西部警察』『あぶない刑事』などの刑事役が強く印象に残っています。バイクにまたがって走りながら両手で拳銃を打つシーンは子どもの頃の僕の目にはとてもカッコよく映りました。テレビでの振る舞いも紳士的で、まさに俳優業になるために生まれてきたかのような人が俳優業は考えてもみなかったと。周囲の人たちにレールを敷かれて30数年突っ走ってきたといいます。

舘さんは自身のコラムでこう書いていました。「幸運だったに違いない。ただ僕がここまで来られたのは、もちろん、自分自身だけの力ではないことはたしかだ」と。

もし舘さんが医者という夢をあきらめないで、ずっと医者を目指して医者になっていたとしたら『あぶない刑事』に舘さんは主演していないわけです。タカ役の舘ひろしさんがいない『あぶない刑事』

なんて僕は想像できません。なるべくしてなったように思える舘さんの俳優業という職業も、医者をあきらめ、建築家をあきらめたからこそ繋がっていったのです。

だからたとえ願っていた夢が叶わず、うまくいかないことがあったとしても、精いっぱいにやっていれば、そんな経験も必ず未来に繋がっていくと信じることが大切ですね。

最後に舘さんはこんな言葉で締めくくっていました。

「この世に生を受け、たった61年しかたってないのに、随分といろいろなことがあった。そして、僕はこれからも「我が道」を一直線に走って行くだろう。舘ひろしである限り」

「カッコいいー！」

って僕は思わず声をあげて言ってしまいました。

だって「61年も」じゃなくて「たったの61年」って。どんだけカッコいいんですか、舘さん！

もちろん人それぞれの捉え方があると思います。「61年も生きた」って言う人がいてもいいと思うし、それはその人の自由です。でも明るい捉え方をして生きている人っていうのは、人生そのものが輝いて見えますね。

あきらめてひとつの扉が閉じた時には、同時に新しい扉も開く時なのです。しかしあきらめたはずの後ろの扉ばかりに執着していては、前にある扉は見ることができません。舘さんも医者になるという夢をあきらめ、建築家という道もあきらめたからこそ、現在に続く扉に手をかけて進んでくることができたのです。

僕も歌手という夢をあきらめて心理カウンセラーという新しい扉を開くことができました。

そして今こうしてこの本を書き、あなたに読んでもらっています。

だからあなたも今の夢をあきらめたらダメになるなんてことありません。何かをあきらめたからってそこで終わりにするかどうかは自分で選択していけるのです。あきらめることで見えてくる道があります。そしてあきらめるからこそ開ける扉もあるのです。

あきらめたところで終わりにするかどうかは自分次第だ。
あきらめて扉が閉まった時には、きっと新しい扉も開いている。

あきらめの41

エジソンは〝あきらめること〟の天才だった！

絶対にあきらめない人。まさに〝**あきらめない天才**〟**として知られるエジソンが、実は**〝**あきらめの天才**〟**だった**と言うとあなたはどう思いますか？

エジソンは生涯におよそ１３００もの発明を行ったまさに発明王です。努力を積み重ねて成功した不屈の人として知られています。しかしそのエジソンがあきらめる天才だったとなると少し興味が湧いてきませんか？

ではここでエジソンの有名なエピソードを少しご紹介します。

エジソンは電球を発明する際になかなかうまくいかず、何度も試行錯誤を繰り返しました。電球の芯となる素材を探し、最初は木綿を燃やしてみたのですがうまくいかず、友人のヒゲまで素材として使い、燃やしたそうです。そして竹が素材として使えると気づき、そこから何千種類もの竹を世界中から集めました。やがて京都の竹が最もよく燃えると辿り着きますが、それまでになんと2万回失敗したと言われているのです。

しかしエジソンはこう言いました。「私は1度も失敗なんかしていない。すべての失敗はうまくいかないことの発見だったのだ」と。

まさに超ポジティブ思考。エジソンは2万回の失敗を失敗とは言わず、2万回の発見だったと言ってのけたのです。これを聞いた人は「そうか。やっぱりあきらめちゃダメなんだ。気合いだ！　努力だ！　忍耐だ！」と考えてしまうかもしれない。

でも、ちょっと待ってください！

確かに努力は大事です。あきらめずに挑戦して失敗したとしても、失敗を発見と考えると人生に失敗はなくなります。失敗はすべて学びと捉えることができるからです。

でも「だから頑張ってやり続けろ」ってだけでは、ただの根性論でしかありません。

そりゃ「頑張っていれば、いつか成功する」って言うと聞こえはいいでしょう。しかし間違った方向に歩き続けても目的地に着くことはできません。

たとえば月までの距離は約38万キロメートルです。だからといって、地球上を38万キロメートルひたすら歩き続けたとしても、永遠に月に辿り着くことはできませんよね？　たとえ100万キロメートル歩いたって結果は変わりません。それならまだエレベーターでスカイツリーに上がったほうが、月までの距離は縮まります。

それと同じでうまくいかない方法に固執して頑張り続けたとしても、それでは望んでいる結果を得ることはできません。忍耐や努力は美徳ではありますが、やり方を間違えてしまったら逆効果になるだけなのです。

確かにあきらめないで続けることは大切です。
気合いも努力も忍耐も人生には必要でしょう。
でもこの話から学べるのは〝そこだけ〟ではありません。

「このやり方じゃうまくいかない」とわかったら、そのやり方に執着しないで潔くあきらめることが大切なのです。もしエジソンがあきらめることをせず、ひとつのやり方に固執し続けていたとしたら、エジソンは電球を発明できたでしょうか？　おそらく何度同じ素材を使って試してもダメなものはダメだったはずです。
だからエジソンはあきらめました。あきらめないために2万回あきらめ続けたのです。しかも超ポジティブに！　ただ闇雲にあきらめないで2万回同じことを繰り返したわけではありません。

さらにエジソンはこんな名言を残しています。

「たくさんの人が失敗してしまう原因の多くは成功する前にあきらめてしまうことにある」

これを聞くとなおさら「あきらめなければ夢は叶う」と思い込んでしまう人もいるでしょう。しかし、うまくいかないアプローチをたとえ何度、何年も続けていたって夢は叶いません。10年以上休まず地上を歩き続ければ、月までの距離と同じ38万キロメートルを歩けるかもしれませんが、月には到着しません。もちろん、ただ歩くのが目的ならそれでいいでしょう。

でも本当に月に行きたいのなら歩くのをやめてロケットに乗ったほうがいいですね。

物事には、うまくいく方法とうまくいかない方法があります。そしてそれにあったやり方というのも存在するのです。だからもし今あなたがうまくいっていないのであれば、やり方が間違っているのかもしれません。ひとつのやり方に固執するのをあきらめて、新しいやり方でアプローチしてみると道が開けるかもしれませんよ。

上手くいかないものはさっさと見切りをつけて、違うやり方で試してみない？
そう、エジソン流あきらめ術を活用しよう！

あきらめの42

35億円の被害を背負った矢沢永吉の強さとは？

1998年、「永ちゃん」の愛称で知られる歌手の矢沢永吉さんは、信頼していた人間に横領されて35億円の被害額を背負いました。永ちゃんは心から信頼していた人物に〝裏切られた〟というショックから、4日間くらい意識不明状態に陥ったといいます。

しかし永ちゃんはそこで終わりませんでした。

毎日、毎日酒を飲んで過ごしても起きた出来事はもう変えられません。ある日それに気づいてアホらしくなった永ちゃんは〝誰かのせいにして起きた出来事を変えようとする〟のをあきらめます。しかし〝ヤザワ〟であることはあきらめませんでした。

「追い込まれたら力を発揮するのが〝ヤザワ〟だ。何年かかるかわからないけど必ず〝カタ〟をつける」

日常生活に支障をきたすほどの不合理な考え方を、心理学では「認知《にんち》の歪《ゆが》み」と言います。カウンセラーの行う認知療法では認知の歪みに対して多面的解釈を生み出す手助けをします。永ちゃんは正にそれを自分でやってのけました。そして十数年かけてすべての負債を見事に返済したのです。

永ちゃんの凄いところは、それだけではありません。35億円の被害を背負ったにも関わらず「あの事件のおかげで今の自分がある」と言ったのです。もし、永ちゃんが「あいつらのせいで！」と起きた出来事に対して恨み続けていたとしたら、きっと立ち直ることはできなかったでしょう。

人は起きた出来事そのものを変えることはできませんが、その出来事に対しての解釈は変えることができます。視点を変えれば見方が変わり、気持ちを一瞬にして切り替えることもできるのです。

人生ではどうしようもない危機が訪れる時があります。リストラされる人もいるかもしれないし、理不尽な借金を背負うこともあるかもしれません。

しかし〝危機〟という字は「危ない」という字と「機会の機」で出来ています。

ピンチというのは同時にチャンスの時でもあるのです。ピンチをチャンスに変えた永ちゃんは還暦を過ぎた今でもスーパースターとして輝き続けています。

あきらめない勇気の裏側には必ず〝あきらめる勇気〟があります。あきらめることができなければ、真の強さも持てないということになります。

ピンチはチャンス！
真のあきらめない強さはあきらめる勇気を持つことで得られるのだ。

あきらめの43

あきらめたから開けた夢「シルク・ドゥ・ソレイユ」

現在、芸術的サーカス集団「シルク・ドゥ・ソレイユ」のオーヴォで活躍する谷口博教さんは、中学1年生の時に器械体操を始めました。高校卒業後は日本体育大学へと進学しましたが、4年生の時に後の金メダリストとなる内村航平選手が入ってきて「こいつにはかなわない」と思ってあきらめたそうです。

では谷口さんが体操に取り組んでいた時間は無駄だったのでしょうか?

いいえ、そんなことありません。谷口さんはオーディションを受ける際に体操での経験を生かし、トランポリンの演技をビデオに撮って事前選考に送り即戦力をアピールしたのです。

そう、人生はプロセスも大切です。谷口さんが初めから「シルク・ドゥ・ソレイユ」だけに興味を絞り、体操に取り組んでいなかったとしたら、今のようには活躍していなかったかもしれません。体操競技の練習の一環でトランポリンをやっていたからこそ、アーティストとしての生き方という立ち位置が見えてきたのではないでしょうか。

あきらめたからこそ、開ける夢がある。夢を掴んだ人は必ずと言っていいほど、何かをあきらめているものです。誰だってどこかで妥協したり、挫折したりして生きています。一生懸命やってきたことをあきらめる時には、落胆や絶望感だってあるかもしれません。しかし挫折の連続だったとしても、それも夢へのプロセスかもしれないのです。

ひとつの夢をあきらめたからといって、他の夢まであきらめる必要はありません。夢はいくらだって見つかります。視野を広げて見てみれば、その先には新しい世界が広がっているのです。もちろんあきらめてばかりいては何も達成できませんが、自分をあきらめないで夢を叶えた人たちは、必ず別の何かをあきらめてきています。

もし今あなたに新しい夢が見えないのならば、今は自分を見つめなおす時期なのかもしれません。そんな時は何が正しいかではなく、何が楽しいかを基準に考えてみましょう。自分が楽しめないことは続けるのも苦痛になります。しかし楽しいを基準にすれば、夢が叶う叶わないに関わらず、自分自身が楽しめるから満足できますし、誰の責任にすることもなくなります。

だから、ただガムシャラに「あきらめない」と意地になるのではなく、自分が楽しみながらできることをやっていきましょう。ひとつの夢をあきらめたからといって、そこですべての夢が消えてなくなるわけではないのだから。

あきらめてこそ、見つかる夢がある。
あきらめて初めて開ける夢もある。

あきらめの44

声を捨て、生きる道を選んだつんく♂

つんく♂さんはシャ乱Qのボーカルとして活躍し、後に「モーニング娘。」などの音楽プロデューサーとしても活動してきました。

喉の調子が悪くなり治療をしてきましたが、やがて喉頭癌《こうとうがん》であるとわかったのです。一度は「完全寛解」を発表しましたが、癌が再発見され2014年10月に声帯を摘出し、歌手として一番大事にしていた声を捨てる決断をしました。

生きていると変えることのできない現実に直面する時があります。いくら否定しても変わらない現実と直面した時、それは勇気を出して何かをあきらめる時でもあるのです。つんく♂さんは歌手として最も大事にしてきた声をあきらめました。

そして生きる道を選んだのです。

アメリカの神学者ラインホルド・ニーバーはこのような祈りの言葉を残しています。

神よ、

変えることのできるものについて、
それを変えるだけの勇気をわれらに与えたまえ。
変えることのできないものについては、
それを受けいれるだけの冷静さを与えたまえ。

そして、
変えることのできるものと、
変えることのできないものとを、
識別する知恵を与えたまえ。

変えることができるものならば、それを変える勇気を持って進めばいい。しかし変えることのできないことに対してはそれをあきらめる勇気を持つしかありません。何をあきらめ、何をあきらめずに生きるのか？　それは自分で見定めていくしかないのです。

もし、つんく♂さんが歌手としての声にこだわってあきらめていなかったとしたら、ひょっとしたら命を落としていたかもしれません。

しかし、つんく♂さんは勇気を持って、大事な声をあきらめ、生きる道を選びました。歌えなくなることは歌手にとって致命的ではありますが、生きていさえすれば、なんとかなります。心が揺れながらも勇気ある決断をしたつんく♂さんはとてもすばらしいと思います。

つんく♂さんが一番大事にしてきた声をあきらめても「だから、生きる」を選んだ理由、このことについては、つんく♂さん著『だから、生きる。（新潮社）』に詳しく書かれていますが、何かをあきらめたからといって、そこで人生が終わるわけではありません。あきらめなければできないこと、そしてあきらめたからこそ、できることもあるのです。

そう、あきらめることは新たなスタートを切るために欠かせないプロセスです。

だから大事なものをあきらめたとしても、そこからのストーリを作っていこう。本当に大事なものは生きてさえいれば、決してなくなったりしないはずだから。

あきらめなければ、できないことがある。
あきらめたからこそ、できることがある。

6章

上手にあきらめて生きていく方法

あきらめの45

結果をコントロールするのをあきらめる

多くの人は目標を立てた時、その結果にフォーカスしすぎて、結果そのものをコントロールしようとしてしまいます。そして結果ばかりに意識が向きすぎて、そのためにすべき準備や振る舞い、プロセスを蔑ろにしてしまいます。

しかし残念ながらどんなに頑張っても結果というのはコントロールすることはできません。なぜなら結果というのは自分のコントロールの外にあるからです。

たとえば「今日は大物マグロを釣り上げるぞ！」と言って海に出たとしても、実際に釣れるかどうかはやってみなければわかりません。

もちろん目標を立てるのが良くないというわけではありません。でも何をやるにしたって、上手くいく時もあれば、上手くいかない時だってあるわけです。

どれだけ頑張っても運の良さで結果が大きく左右するケースもあります。

あなたがいくら目標を達成した姿をイメージして、結果だけにフォーカスしたとしても、上手くいかない時は上手くいきません。そう、人は結果を100%コントロールすることはできないのです。

だから結果をコントロールしようとするのは、あきらめましょう。そして、あなたがコントロールできることを考えてみるのです。

それがプロセスです。プロセスとは考え方や振る舞い、行動のことです。

僕たちは結果をコントロールすることはできませんが、自分の振る舞いや行動はコントロールできます。

あなたがどのように物事を捉え、どのように人と接し、どのように振る舞い、どのように行動するのか？　これらはすべてあなたがコントロールできるのです。

あなたが望んでいる結果を出すためにできる行動は何か？

それを考えてみましょう。

そのプロセスに全力を尽くして、やるだけやったら、あとは「人事を尽くして天命を待つ」のみです。うまくいくかどうか悩み続けても、結果がどうなるかわからない以上アレコレ悩んでも仕方ありません。

花が咲くには咲く時期があります。咲く時には咲き、散る時には散るのです。だから、やるだけやったらあとは天にすべて委ねて結果をコントロールしようとするのはあきらめましょう。
目標を立てて準備をしやることをすべてやったなら、結果は神のみぞ知るのだから、結果をコントロールするのはあきらめて、プロセスをコントロールしましょう。

僕たちは結果をコントロールすることはできない。
しかしそれまでのプロセスはコントロール可能だ。

あきらめの46

子どもを理想どおりにするのをあきらめる

子育てをする上で大切なのは〝あきらめること〟です。あきらめるとは子どもを見放したり見捨てるのではなく、子どもに対して過剰な期待をするのをやめるということです。

「親はなくとも子は育つ」という諺があります。

子どもというのは言うように育つものではありません。するように育つものです。子どもは甘やかしすぎると逃避的な性格になり、厳しすぎると攻撃的になる。そして親の批判の中で育つと批判精神だらけの大人に育ちます。

幼い子どもは親が大好きですから、まずは親の真似をします。しかし「学ぶ」という言葉が「真似る」からきているとおり、子どもは真似ながら学んでいくのです。

親が楽しそうでないとわかると違う生き方を模索し始めます。そして言うことを聞かなくなり、反抗期に入るのです。そうなるとどれだけ口うるさく言ったとしても、言うことは聞かないでしょう。なぜなら子どもは真似したくなる生き方を自分で見つけて育っていくからです。

子どもの成長のプロセスは親の予測を大きく超えていきます。子育てはなるようにしかなりません。だから子どもに過度な期待をせずにあきらめることが大切なのです。子どもの現実の姿をシッカリと見ないで、現状にそぐわない期待を押しつけていてはよくありません。なぜなら親も子もストレスが溜まるだけだからです。

人間は生きている上でさまざまな期待を抱いています。親は子どもに期待し、子どもは親に期待します。もちろんこれは何も親子関係だけに言えることではありません。職場の上司や恋人、友人や知人に対しても人は何らかの期待を抱いているものです。

このような期待は時に大きな力を生みます。特に子どもは親の期待に応えることで安心感を覚え、それにより親子の信頼関係も深まっていきます。しかし過度な期待は親子関係をもつれさせ、子どもの成長を妨げることになりかねません。期待というのはある時には人を成長させるものであり、そしてまたある時には成長の妨げになってしまうのです。

だから過度な期待は〝あきらめる〟ことが大切です。そして子どもに対して価値観を押しつけるような真似はしないようにしましょう。

愛情を与えることと価値観を押しつけることは全然違います。子どもを親の理想どおりにしようとするのは、ただ親の価値観を無理やり押しつけているだけです。愛情を与えても価値観は押しつけてはいけません。なぜなら、子どもたちには子どもたちの生き方があるからです。操作的に期待したり、子どもを親のイメージに近づけようとするのをやめて子どもの人生を尊重して下さい。

親は親で、子どもは子どもです。子どもには子どもの進むべき道があります。

親の期待に応える子どもは愛せて、期待に応えない子どもは愛せないと言うのなら、それは本当の愛とは言えません。子どもではなく、自分の都合を愛しているだけです。

そのように育てられた子どもは歪んだ愛情を受け取り、やがて自分を愛してくれる人だけを愛し、そうじゃない人には無関心になってしまうかもしれません。だから自分勝手な価値観や期待を押しつけるのではなく、ありのままを愛してあげることです。

そうやって子どもに対しての期待をあきらめることで、素直にありのままの子どもの姿を見ることができるようになるでしょう。

子育てに〝あるべき姿〟なんてない。
理想どおりにしようとせずに、ありのままを愛してあげよう。

あきらめの47

他人は思いどおりにならないとあきらめる

他人を自分の思いどおりにしようとしても、ほとんどの場合うまくいきません。なぜなら人は自分を変えることはできても、他人を変えることはできないからです。

人は自分で「変わりたい」と思って変わりたくなることはありますが、人に変えられることには抵抗します。なぜ〝変えられたくない〟かというと、変えられることよりもまずは〝わかってもらいたい〟という気持ちが強く、自分の考え方や感じ方を尊重してもらいたいからです。

人それぞれ価値観は違いますので、すべての人が同じ考え方や感じ方ってことはありません。それなのに無理やり自分の感じ方や考え方を押しつけ、相手を〝変えよう〟としても変えることはできないでしょう。だから他人を変えようとしたり、他人を思いどおりにしようとするのはあきらめることです。それより他人に対しての自分の接し方をまず変えてみましょう。

「おまえ変わった方がいいよ！」なんて変わることを他人から強制されることは、あまりいい気はしないものです。それが嫌いな人に言われたとしたら、尚更ですね。

「おまえの方こそ変われよ！」って言いたくなるかもしれません。

それに人は「変えようとする前にわかってよ！」っていう気持ちのほうが強いものです。だから、相手に〝変わること〟を強要するのではなくて、まずはありのままを認め、受け入れてあげましょう。たとえ賛同することはできなくても、尊重することはできるはずだから。

「でも、変わった方がその人のため…いや、みんなのためにもなるから！」という考えの人もいるかもしれません。


「あの人がもっとこうだったら、平和なのに！」

「あの人がもっとこう変われば、うまくいくのに！」

そう言って他人を自分が思うように動かしたいと望むかもしれません。

しかし実際には自分が思うように他人は動いてくれません。あなたが他人に対してできるのは、ほんのちょっとした〝きっかけ〟を与えることだけです。


「自らを助けない者を救おうとしても無駄である。

梯子《はしご》を上る意思のない者を他人が押し上げることはできない」

これは鋼鉄王と呼ばれたアンドリュー・カーネギーの言葉です。

僕たちは自ら助かろうとしない人を助けることはできません。その人自らがやる気にならないとその人が前に進むことは不可能なのです。

それにあなたの役割は〝人を変えること〟ではなく、〝自分を成長させること〟です。

僕たちは他人を変えることはできません。それなのについ誰かを変えようとしたり、周りの環境を変えようとしたりしがちになります。でもまずは自分を変えることのほうが大切なのです。自分が変われば自然と周囲の環境が変わったり、自分自身が大きく成長することができるようになります。

だから相手を変えるのではなく、自分が変わりましょう。その人が変わるかどうかはその人自身の問題であり、あなたの問題はあなた自身が変わるかどうかなのです。あなたはあなた自身の成長を考えればいいのです。

あなたの仕事は他人を変えることではなく、自分自身を成長させることなのだから。

他人は思いどおりにいかないとあきらめよう。
それよりも自分が変わることで成長できることを考えてみよう。

あきらめの48

過去の出来事は変えられないとあきらめる

「どうしてあの時ああしなかったんだろう…」
「あの時にもっとこうしていれば…」

このように僕たちはつい悲しい出来事や辛かった思い出を引きずり、それを悔やんで生きてしまうことがあります。そして失った事実を受け入れられなかったり、あきらめきれずに過去に囚われたりしてしまいます。

しかし僕たちはどれだけ頑張っても過去に起きた出来事をなかったことにはできません。過去の出来事は変えることができないのです。

どれだけ悔やんでも過去に犯した罪をなかったことにはできません。過去に戻ってやり直すこともできません。だから〝過去の出来事は変えられないとあきらめること〟です。あきらめて、変えられるものに視点を移せばいいのです。

そうすれば過去の出来事は変えられなくても、過去を変えることはできるのです。

このように言うと「えっ？　過去は変えられるの？」とあなたは思うかもしれません。確かに過去に戻って行いを改めることはできません。しかし過去に対しての解釈は変えることができるはずです。

「それじゃあ過去に対しての解釈を変えただけで、過去を変えたことにはならないじゃないか！」

もしかしたら、あなたはそう言うかもしれません。しかしあなたにとって大切なのは、過去に起きた出来事そのものでしょうか？

たとえば、あなたが過去にステキな人と付き合っていたとします。

あなたにとって大事なのは、その〝付き合っていた〟という事実で、そこから得た〝学び〟や一緒にいて感じた〝幸せな気持ち〟は〝出来事〟よりも劣ると考えるでしょうか？

そんなことはありませんよね？

きっとあなたも過去に〝辛い経験〟をしたという客観的な〝事実〟より、そこから〝学んだ〟という主観的な〝意味〟のほうが大切だと考えるのではないでしょうか？

だから過去に対しての解釈を前向きなものに変えて、この先の未来を明るく生きることを考えましょう。

現在《いま》のあり方を変えることで未来は明るくしていくことができます。現在《いま》のあり方を変えるには、過去に起きた出来事に対しての解釈を変えればいいのです。僕たちは過去に起きた出来事そのものを変えることはできませんが、その出来事に対しての〝捉え方〟は今すぐにでも変えることができるのだから。

捉え方を変えれば、過去が変わり、現在が変わる。

これは辛い過去に対しても同じことが言えます。これまで生きてきた中で辛い経験をしたことがないと言う人はおそらく少ないでしょう。その経験した辛いことをただ嘆くだけでは明るい未来は遠ざかるばかりです。でも、それを糧にすれば未来も希望で輝き始めます。

もし、あなたが辛い経験をただ嘆くだけで、そこから〝何も学ばない〟ままで生きるとしたら、辛い経験という過去の出来事はいつまで経っても〝辛い経験〟のままでしょう。

しかし「あの経験があったから、ここまで来られたんだ！」と辛い経験があったことに感謝できるようになれば、それは幸せへのプロセスになります。

つまり起きた出来事を今〝どう受けとめる〟かで、過去の出来事の〝意味〟が変わり、今を〝どう生きる〟かも変わってくるということです。だから過去の出来事は変えられないとあきらめて、過去に対しての捉え方を変えてみよう。

過去にしてきた失敗や悔やんだ出来事のすべてを含めて、あなたなのです。それがなければ現在《いま》のあなたもありません。過去は過去だと受け入れれば、現在が変わります。現在が変われば未来も必ず変わってくるのです。

起きた出来事をどのように考えるか？
起きた出来事をどのように捉えるか？
起きた出来事をどのように受けとめるのか？

それにより人生そのものが大きく変わってきます。

僕たちは過去に起きた出来事に対して、それぞれが自分で選択した〝解釈〟をしています。しかしその〝解釈〟はその時の知識やその時の感情によって選んだものです。当時は理解できなかったことも現在なら理解できるということも多いでしょう。あの時は理解できなかった人たちの立場やあの時は見えなかった側面。今だからこそ、見えることもあるのではないでしょうか？　そうやって見方や解釈を変えれば、嫌だと思っていた過去も良い思い出となって輝き始めるかもしれませんよ。

かつての僕も自分の過去を変えたいと願っていました。
でも、どれだけ後悔しても、どれだけ自分を責めても過去を変えることはできません。

では、どうすればいいだろう？

このままただ自分の過去を後悔しながら生きるのか？

それとも自分ができることをするのか？


僕は過去の出来事は変えることができないとあきらめて、現在《いま》を大切に生きるべき道を探しました。


やがて僕はカウンセラーになりました。そして人を傷つける側ではなく、人の心を癒す側にまわろうと誓ったのです。

どれだけ悔やんでも過去の過ちを消し去ることはできません。しかし未来は今からでも変えることができます。どうせなら人生は明るく生きたほうがいいですよね？

だから過去の出来事そのものは変えられないとあきらめて、変えられるものを変えていこう。たとえ過去をあきらめても、未来まであきらめる必要はないのだから。


過去の出来事は変えることができないとあきらめよう。

なぜなら僕たちは未来を変えることができるのだから。

あきらめの49

社会に期待するのをあきらめる

「働いても働いても思うように給料は上がらない。年金だって貰えるかどうかわからないから老後も心配だ」

現代を生きている人の中には、こんなふうに不安を抱え、社会に失望してしまっている人もいるかもしれません。しかし中には失望なんかしないで生きている人もいます。

社会に失望して生きる人と失望しないで生きる人。

この違いはいったい何だと思いますか？

それは、社会に期待しているかどうかです。

何事においてもそれほど期待していない人は失望することも少ない傾向にあります。

少子高齢化が進み、社会に多くを期待してもその期待どおりにはならない時代です。もちろん「こんな社会であって欲しい」と願うのはいいでしょう。

しかし過度に期待しすぎるのは考え物です。なぜなら、社会はあなたの期待に応えるためにあるわけではないからです。

これからの時代を生きていく上で大切なのは社会に対する期待ではなく、自分だけの幸せのモノサシを持って自分に期待していく心です。

今後も時代は大きく変わっていくでしょう。しかしたとえどんな時代が訪れたとしても、自分の心をしっかりと持っている人は幸せに生きることができます。

社会や自分の外に何かを期待し何かを求めていては、いつまで経っても本当の幸せは感じることができません。なぜなら幸せは自分の外側ではなく自分の内側にあるのですから。

先ほどお伝えしたとおり、他人は思いどおりにいかないものです。そして社会も思いどおりにはいきません。しかし僕たちは自分以外のことであったとしても、自分の思いどおりに動いてくれることを期待します。そして自分の期待するとおりに動いてくれなかったら、腹を立てたり怒ったり、失望したりします。

ここで怒りの感情について触れておきます。

心理学では怒りは第二感情と言われています。怒りの感情を抱いた時には、必ずその前に何かしらの第一感情が発生しているのです。

それは悲しみや寂しさであったり、優しさや思いやりであったりしますが、多くの場合、怒りの前にある第一感情は〝期待〟です。期待しているから怒りが生まれ、期待しているから失望もするのです。

だから誰かや何かに怒りを感じた時は、本当の自分の気持ちに気づくチャンスでもあります。自分が何に期待しているかに気づけば、それを上手に相手に伝えることもできるからです。

そしてこれは社会に対しても同じです。

もしあなたが社会に何かを期待しているなら、それを社会に求めるのではなく自分自身に求めることです。社会は自分のコントロール下にはありません。自分でコントロールできるのは自分だけです。だから自分を上手にコントロールして、うまく社会を生き抜いていくしかないのです。

そのためには社会に期待するのをあきらめる必要があります。

期待しているものと現実が違う時は多々あります。でもそれをあきらめると余計な力が抜けて楽になれるでしょう。〝あきらめる〟というのは〝見放す〟のではなく、客観的に優しいまなざしで眺めることです。

あきらめたら、もう求める必要もなくなります。執着していたものを求めなくてよくなったら、さまざまな葛藤や不安から解放されホッとするでしょう。そうやって期待をあきらめることで、心理的にも楽になれるのです。

「もうあきらめた」というのは投げやりな表現ではなく、余計な力が抜けて身軽になるという側面があります。羽を押さえつけられていた鳥が解放されて、フッと空へと飛び立つような感じですね。反対に期待をあきらめきれない場合、その感情はいつか〝怒り〟や〝失望〟に変わります。

だからあきらめるべきことはあきらめていきましょう。たとえ期待していたとしても、期待していなかったとしても、起こるべき事象はそれほど変わるものではありません。

誰かや何かに期待するのがダメなことだとは言いませんが、過度な期待は執着や怒りの原因になると心得ながら、上手にあきらめながら生きていくことが大切です。

そうやって自分の外への期待をあきらめて生きていくことで、自分の内側に意識を向けることができるようになるはずだから。

社会に期待するのをあきらめよう！
そうすればイライラすることも失望することも少なくなるから。

あきらめの50

迷惑をかけてしか生きられないとあきらめる

「人さまに迷惑をかけてはいけない」
「世間に迷惑をかけてはいけません」
こんな言葉を言われて育った人って結構多いのではないでしょうか？

実は僕もよく言われました。そして大人になって自分が言われたとおりに、子どもにそう言い聞かせる人もいます。でもこの〝人に迷惑をかけない〟という考え方は美徳と思われがちですが、一歩間違えると束縛にしか繋がりません。なぜなら「迷惑をかけるな！」を言い換えると「自己主張なんかしないで空気を読んで生きろ！」って意味にもなってしまうからです。そして空気を読んでばかりいると自分を押し殺すことになり、周りの目ばかりが気になるようになります。

日本人というのは特に周りからの視線や周囲のことを気にする傾向が強い。だから対人恐怖や視線恐怖がもっとも多い国とも言われています。対人恐怖や視線恐怖というのは日本の文化に深く結びついているものであって、コレをないものとして見ることはできません。

その文化の違いはこのような違いを生みます。

たとえば、アメリカなどではお母さんが子どもを幼稚園に迎えに行くと、「今日もたくさん楽しめたかい？」と聞きます。しかし日本では「今日もちゃんと良い子でいられた？」と聞く人が多いです。なぜこのような違いが生まれるかというと、日本では他人からの視線を気にする人や自分がどう思われるかを気にする人が多く、他人に迷惑を掛けず枠におさまること、周りと同じであることで安心する傾向が強いからです。

中には集団に弱く、みんなが正論だと言えば心の中では「違う」と思いながらもそれに従ってしまう人もいる。なるべく同じ意見を言ってみんなに迷惑をかけないようにしたり、本音を隠して周りに合わせてごまかしてしまうのです。

でも、どれだけ周りに合わせて、周囲に迷惑をかけないように心がけたとしても、誰にも迷惑をかけずに生きている人なんていません。「私は誰にも迷惑なんかかけていない」って言う人も、**必ず誰かや何かに迷惑をかけて生きている**のです。

「そんなことない。私はこれっぽっちも人に迷惑なんかかけていないぞ！」

そういう人は真実を見過ごしてしまっているだけです。なぜなら人間はある程度迷惑をかけあって生きていくしか生きていく道がないからです。自分を含めて誰もが迷惑をかけないと生きられないのです。野菜を食べるってことは野菜にとって迷惑だし、魚を食べたら魚にとって迷惑です。

こんなふうに何か行動する度に何か理由をつけて批判されるのは、日本ではよく見られる光景です。

何か行動すれば必ずと言っていいほど、誰かに批判される。これは避けられません。しかしそれを気にして生きていたら何もできないのです。

2014年の夏、春日部共栄高校野球部の女子マネージャーが甲子園を目指す野球部員のために2年間で約2万個のおにぎりを握ったのが話題になりました。それに対し賛否両論の大論争が起こったのを覚えているでしょうか？　美談として語られる一方、批判意見も多く「男のために頑張るのは男尊女卑的だ」という意見や「教育の本質からズレている行いだ」という声が上がったのです。中には「社会的に悪影響な行為だ」と言う人までいたくらいです。

そんなことが話題になって間もないうちに今度は氷水をかぶった人が批判の的になりました。「ALSアイス・バケツ・チャレンジ」という運動です。「ALSアイス・バケツ・チャレンジ」はバケツに入った氷水を頭からかぶるか、アメリカALS協会に寄付するという筋萎縮性側索硬化症（ALS）支援運動のひとつです。アメリカのスポーツ界では氷水は祝福を意味し、アイス・バケツ・チャレンジでは〝元気を与える〟という意味があると言います。これが広がることにより、結果的にこういう運動があるのを知る人が増えます。

しかし人の行いを批判する人がいなくなることはありません。

特に僕たち日本人は「人を不快な気持ちにさせる人は迷惑なヤツだ」とまで考えてしまったりします。だから他人がやった行為が誰かの感情を害するだけ「あいつは迷惑なヤツだ」となってしまいがちです。

もちろん理想としては迷惑をかけない方がいいし、策略的に迷惑をかけるのは良くありません。でもみんな迷惑をかけて生きているのです。だから本当は〝お互い様〟なのです。

だけど今の日本は「他人に迷惑をかけるのは悪いことだ」という意識が強すぎるせいで自分を制限するだけでなく、「他人の迷惑を許すな！」と言って〝正義の刃〟で裁こうとする社会になってしまっている気がします。これでは他人の自由な行為を束縛することに繋がります。

迷惑を禁止することで他人の迷惑行為にも厳しくなり、誰かが人を不快な気持ちにさせるだけで、「迷惑なヤツだ！」と責め立ててしまっては何もできません。そうやって「人の感情を害するヤツは悪いヤツだ」ってなると行動することさえできなくなってしまうでしょう。なぜなら〝行動する〟ってことは、必ず誰かの気分を害してしまう可能性があるからです。

そうなると何も生みだすことはできなくなります。自分を許すことも他人を許すこともできなくなり、自分自身を成長させることもできなくなってしまうのです。

だから**「人は迷惑をかけてしか生きられない」**と認めて、他人の迷惑にも、もう少し寛大であってもいいのではないでしょうか？

もちろん無用に迷惑をかけるのは良くないし、居直ってドンドン迷惑をかける態度は健全とは言えません。しかし自分を含め、誰もが迷惑をかけて生きていることを忘れてはいけない。僕も誰かに迷惑をかけて生きているし、あなたも迷惑をかけて生きているのです。

だから居直った態度であきらめるのではなく、迷惑をかけてしか生きられないとあきらめて寛大になりましょう。

日本社会は良くも悪くも相手の感情を尊重する社会です。しかしそれが原因で足を引っ張りあう状態になってしまってはあまり良い状態とは言えません。

「誰かの感情を害してはいけない」とだけ考えていると行動が制限されます。だからなるべく人の感情を害さないに越したことはないけれど〝個人には行動を選択する権利があること〟を忘れないことです。

そして価値観や考え方は人それぞれだということも頭に入れておいた方がいいですね。人生をどのように生きるかは個人の自由なのですから。そんなふうにお互いを許しあえる気持ちがあったほうが、もっと日本は自由で平和な国になることでしょう。

人は生きているだけで誰かの迷惑になっている。
だからあきらめてあなたはあなたの人生を生きよう。

あきらめの51

人間はやがて必ず死ぬとあきらめる

多くの人は死について真剣に考えず、心のどこかで「自分だけは死なない」と思っているものです。

「されど死ぬのは他人ばかり」

20世紀美術に大きな影響を残したフランス生まれの美術家マルセル・デュシャンの墓石にはこのように書かれています。

しかし僕たち人間は必ずいつか死にます。それはあきらめるしかありません。もしかしたら僕やあなたの人生は、明日を迎えることなく今日、突然終わってしまうかもしれないのです。この事実から目を逸らしていては、あきらめて生きることはできません。

やがて必ず死ぬ日が来るとあきらめるということは、自分の死を含めた人生をありのまま受け入れるということです。だから、いつ最後の日が来ても後悔のないように精いっぱいに生きることが大切ですね。人生というのは有限なのだから。

あなたはたとえこのまま人生を終わらせても悔いを残さず去っていけるでしょうか？

もしあなたが「このままだと後悔してしまいそう」だと言うのなら、まずは「人はいつか死ぬんだ」という事実を受け入れることから始めましょう。そしてあきらめて素直に生き始めるのです。

〝あきらめない〟というのは〝ありのままを見ない〟ということです。そのように自分の見たくないことから目を逸らす生き方をしていては、素直に生きることはできません。素直になれなければ自分らしく生きられませんので、人生最後の日に後悔してしまうことになるでしょう。だから自分の人生に悔いを残さぬように死を受け入れ、〝どう生きるか〟にフォーカスすることです。

もしあなたの人生が今日で終わるとしたら、あなたが今日やることを本当にやりますか？
もしあなたの人生が今日で終わるとわかっていたら、今日をどのように生きるでしょう？

人間はやがて必ずいつか死にます。永遠には生きられません。だから永遠に生きることはあきらめて、今日を、1日を、心を込めて生きましょう。そうして〝今を生きる〟ことだけを考えるのです。

古代ローマで使われた言葉に「メメント・モリ（memento mori）」という言葉があります。メメント・モリとは「死を忘れるな」という意味です。いつも「人は必ずいつか死ぬ」ということを忘れなければ、有頂天になって判断を誤ることも少なくなるでしょう。だから古代ローマでは将軍が凱旋のパレードの時には必ずこの言葉が囁《ささや》かれたと言います。そう囁くことで「今は絶頂だが、明日はどうなるかわからない」と思い起こさせていたのです。

さらにメメント・モリには「今を楽しめ」や「今を生きろ」という意味もあります。「我々は明日死ぬかもしれないのだから、今を楽しんで生きよう」ということです。確かに死を忘れないで生きることは大切ですが、同時に今を楽しむことも忘れてはいけませんね。


死を忘れず今という瞬間を楽しみながら、後悔のないようにやりたいことに挑戦する。それが人生をあきらめて（明らかに見て）生きるということです。

僕たちは生まれた日から死に向かっています。そしていつか人生が終わります。もちろん誰も「死にたい」とは思わないでしょう。誰もが幸せに生きたいと望んでいます。

しかし誰も死から逃れることはできません。これまでも。そしてこれからもです。

だからこそ、今を生きることが大切なのです。だって今、僕たちが〝生きる番〟なのだから。

僕たちの先祖が何万年も繋いできた命のバトンを受け取って、今それぞれが〝自分の番〟を生きているのです。あなたにこの命のバトンを渡すために、先祖はみんな命をささげてきました。そして今、あなたの番なんです。


やがて、僕もあなたもいつか死にます。この世を去る日が来ると共に、次の人にバトンを渡す日が訪れるのです。だからせめて次の人にバトンを渡すその日まで、精いっぱい楽しみながら生きたいですよね？

後悔のないようにやってみたいことには挑戦して、たくさんの冒険を経験しながら、そうやって死を忘れずに今を生きることです。

僕たちは毎日、毎日生まれ変われます。だから今日を昨日のように生きる必要はありません。僕もあなたも今日からだって新しい人生を始めることができるのです。

だから悔いのないように、あきらめるべきことをあきらめながら自分の人生を生きましょう。

さぁ今日があなたの残りの人生の最初の日です。あなたが生まれた時、周りの人は笑ってあなたは泣いていたでしょう。だからあなたが死ぬ時はあなたが笑って、周りの人が泣くような人生を送ろう。

僕たちは命のバトンを受け取って、それぞれが自分の番を生きているのだから！

今日が残りの人生最初の日だ。

死を忘れずに自分の番を生き抜こう。

7章

幸せはあきらめから生まれる

あきらめの52

人は世界を手にした所で幸せにはなれない

このようなエピソードがあります。

その昔、世界を手中におさめたアレキサンダーという大王がいました。しかしアレキサンダー大王は世界を手中におさめたその夜、「もう制服する世界がない」と言って泣いたそうです。真偽の程はわかりません。しかし、もし何でも思いどおりになり、すべてを手にしてしまったとしたら人は退屈するだけではないでしょうか？

何かを達成することで〝成功〟は得られるかもしれません。しかしそれで〝幸せ〟になれるとは限りません。なぜなら幸せとは、心で感じることだからです。

そう、だから人は世界を手に入れてすら幸せになれないのです。

「あきらめなければ幸せを手に入れることができる！」

このような言葉を聞くことがありますが、あきらめても幸せにはなれます。あきらめずに何かを手に入れても、掴めるのは幸せではなく、手に入れたという結果です。幸せは結果にはなく、プロセスにあります。

何かを手に入れれば満足感や達成感は得られるでしょう。しかし幸せとは手に入れるものではありません。だから世間でよく言われる〝成功〟と〝幸せ〟は別物なのです。

確かにあきらめないで頑張れば何かを手に入れることはできるでしょう。もしかしたら、あきらめなければ世界を手にすることもできるかもしれません。しかし、それで幸せになれるわけではないのです。

「幸せのパラドックス」という言葉をご存知でしょうか？

人は幸せを目標として進んでいる時、その幸せは美しく見えるものです。しかし目標に到達したら、その幸せはやがて色あせていきます。憧れていた時には輝いて見えた生活でも、それを手にするとやがて「ありきたりで退屈な日常」と感じるようになる。頑張って幸せを追いかければ追いかける程、幸せから遠ざかる。これを「幸せのパラドックス」と言います。

「幸せになりたい」と物質や環境を求めて、いざ夢見ていた幸せに辿り着くと、それはもう幸せではなくなってしまっているのです。なぜなら、幸せとは辿り着くゴールにあるのではなく、今ここ、このプロセスの中にあるのだから。

だから現状に満足して、今ある幸せを心から感じて過ごすことが大切です。

しかし現代では「現状に満足するな！」という言葉が、特に若者に対してよく使われます。確かに子孫を残し、人類を繁栄させるためには現状に満足しない態度が必要かもしれません。人間が進化していくためには、常に不足を感じ続ける必要があるという考えも間違いとは言えません。
でも求めだしたらキリがないし、上を見上げればキリがないのも確かです。

だから本当は**もっと現状に満足して過ごすべき**なのです。現状に満足している人に向かって「現状に満足するな！」と言うってことは、幸せに生きている人に対して「幸せでいるな！」と言っているようなものです。それに持っていないモノに目を向けて不満を言う人より、持っているモノに感謝して生きている人のほうが幸せな人生を送れるでしょう。

だから無理して何かを求めて頑張り続ける必要はありません。今ある幸せは、今すぐ感じて過ごして下さい。その上で何かを求めるなら、それもいいでしょう。僕が言う〝あきらめる〟というのは、何も〝求めるな〟ってことではないのです。

だから求めること自体はやめる必要はありません。なぜなら欲しいものを素直に欲しいと認める気持ちはとても大切ですし、あなたが欲しいと思っているものが余計なものかどうかは、実際に手にしてみないとわからないからです。そんな時はそれを一度手にしてみるといいですね。

でも現状に満足せずにいつまでも追いかけ続けると疲れてしまうし、キリがありません。何か目標を持って努力したり、お金をたくさん稼ぐのは人生を幸せに過ごすためのひとつの手段ではありますが、そこがゴールというわけではないのですから。

だから最初から現状に満足することを意識しすぎて欲しいものをあきらめる必要はありません。でももし目的を果たすことが重荷になったらあきらめて下さい。その目的を果たすことだけがあなたの人生のすべてじゃありません。あきらめることで新たな目的だって見つかるかもしれないし、あきらめることで今まで見えなかった景色が見える時もあるのです。

幸せの青い鳥はどこにいるのか？
それはどこか遠い所ではなく、あなたのすぐそばにいるのです。

人は世界を手にした所で幸せにはなれません。どれだけのモノを得たとしても、幸せには辿り着けないのです。だからあきらめて、今ある幸せを心から感じて下さい。だって幸せを感じながらでも、夢へと向かうことはできるのだから。

幸せの青い鳥は世界中を探してもどこにもいない。
幸せは今もあなたのすぐそばで、気づいてもらうのを待っている。

あきらめの53

逃げるのは生きるために必要な術

「もうあきらめたいと思っているのですが、それは逃げなんじゃないかと不安になります」カウンセリングをしていると、このような言葉を聴くことがあります。

「あきらめる」イコール「逃げること」

このようにあきらめることを逃げることだと解釈する必要はありませんが、たとえ逃げると解釈したとしても何がいけないのでしょう？　逃げることはそんなに悪いことでしょうか？

逃げるのはダメなことだと考えている人がいますが、〝逃げること〟はそんなに悪いことでもありません。どうしようもないことから離れるのは、自分を守るために欠かせない大切な決断です。

しかしどうも「逃げてはいけない」と考える人が多いようです。それにより自分で自分を追い込んでしまっています。でも逃げて初めて掴める自由があり、逃げることで手に入る理想の人生もあるのです。

「逃げたらダメだ」という考え方は自分を追い詰める危険な思考です。なぜなら逃げ場がないと思うと人は、どうしても無理をしてしまうからです。

「逃げちゃ駄目だ」「逃げちゃ駄目だ」「逃げちゃ駄目だ」

これはマンガ『新世紀エヴァンゲリオン（角川書店）』の碇シンジくんのセリフです。

このマンガの主人公である碇シンジくんは「逃げたらダメだ」という強迫観念と「父親から認められたい」という承認欲求で苦しみ、とても辛そうでした。時には逃げずに立ち向かい、何かに気づいていきます。しかし時には逃げだして何かに気づいてもいるのです。つまり逃げることで初めてわかることもあるということです。

確かに人生では逃げてはいけない場面もあるでしょう。だけど、逃げてもいい時だってあるし、逃げるべき時だってあるのです。

何にでも戦いを挑めばいいってもんではありません。

たとえば学校でいじめを受けている子どもがいたとします。その子に「逃げちゃダメだ」なんて言って無理やり学校に行かせたとしても、何も解決しません。それどころかもっと酷いことになる可能性が高いでしょう。

それならいっそのことその学校に行くのはあきらめることです。そんな学校なんか行かなくていいのです。

逃げないで戦った先に幸せがあるとは限りません。それよりもそんな学校に行くのをやめて、家庭内での幸せを見つけるほうが大切です。

「学校がすべてじゃないよ」

そう言ってあげることは甘やかすことではないし、逃げることでもありません。

問題は学校がすべてだと思い込んで、「学校でうまくやれない自分はダメな人間だ」と親子で思ってしまうことです。

でも今いる場所が自分に合った場所ではないなら、その場所から離れて構わないのです。自分に合わない環境でどれだけあきらめないで頑張ったとしても、うまくいくことは難しいでしょう。そんな環境であきらめないで無理をしても、心も身体も疲弊《ひへい》してしまいます。

これは大人でも同じことが言えます。

たとえば今いる職場でうまくやれない自分はダメ人間だと思い込んで、心を病んでしまう。そういう人はとても多いのです。そしてその思いが癒されないままでいると自殺するまで自分自身を追い込んでしまうケースもあります。

だから学校でも職場でも自分の心が「危険だ」という信号を発していたら逃げる道を選択すればいいのです。逃げることは弱さではありません。逃げられるのは強さです。生きるためには〝逃げる〟という手段が必要な時は誰にだってあるのですから。

ひとつの学校やひとつの職場だけが世の中ではありません。世界はもっとずっと広いものです。今あなたがいる場所が世界のすべてなんかじゃない。あなたにはあなたが生きられる場所が必ずあるのです。

だから今いる場所だけにこだわって苦しむ必要はありません。自分に合わない環境で無理をして頑張るのはあきらめて、逃げるという選択をしてみましょう。

人生の9割はあきらめていいことばかりです。

でも生きることだけはあきらめないで下さい。本当に大切なことだけあきらめなければ、他のことなんてあきらめていいのですから。

僕たちカウンセラーはクライエントが上手にあきらめていくことのお手伝いをします。少しずつ、

少しずつ、心に傷がつかないようにあきらめていくことにより、自分で自分を支えていけるようになります。そのためには逃げることが大切なのです。

人生がうまくいかない人の多くは「逃げてはいけない」と思い込んで、あきらめられずにいるからです。もちろん何かが起きた時、真正面からそれに立ち向かうことが大切な時もあります。

しかし状況によっては少し距離を置いて、やり過ごす方法を取ることが最善策の時だってあるのです。自分自身の気持ちを強く持つことは大切ですが、〝どのような環境に身を置くか〟もスゴく重要なことです。

だから上手に逃げて生きる術を身に着けよう。苦手なこと、嫌なことを避けて生きていくのは、悪いことなんかじゃないのだから。

今いる環境がすべてではない。
逃げることで見つかる世界だってある。

あきらめの54

一番をあきらめた時に幸せが生まれる

あなたは何かで一番になりたいと思ったり、誰かに勝ちたいと思ったことがありますか？　小学校の徒競走の時。何かのスポーツ試合の時。誰かとケンカした時。おそらく誰もが勝つことを嬉しいと思ったことがあるでしょう。

スポーツでは必ず勝ち負けがあります。もちろんスポーツをやる上で勝とうと思う気持ちは大切です。勝つために勝負するのも決して悪いこととは言えません。

「頑張っているのに結果が出ません」このように言う人がいます。他にも「頑張ろう！」とか「頑張ります！」と、宣言する人がいます。ですが、結果が出ないと自分の努力が報われないと感じるものです。それを常に抱いている人は、どうしてもストレスが大きくなります。「頑張らなければ結果が出せない」と思っているのです。

しかし、頑張ることはその人にとって過度なストレスになる場合があります。そうすると、やっていることは全く楽しくなく、充実感や達成感も感じにくくなる。

日本人には苦しむことが美徳のような感覚があります。だから結果というのは「苦しさを乗り越えた先にある」と思っている人が多いようです。日本社会を見ても、辛い状況を乗り越えたり、苦しさをバネに頑張る姿が称讃される傾向にあります。

しかし、この価値観はちょっと違うような気がしませんか？

苦しむことで結果が出るのであれば、自分を追い込むことこそが、成功の秘訣だということになります。もちろん、結果を出すためにはそれ相応の努力は必要です。しかし「努力」と「苦しい」はイコールではありません。

結果を出している人は、本当に他の誰よりも苦しんだ人なのでしょうか？
結果を出している人は、本当に他の誰よりも辛い思いをしている人なのでしょうか？

決してそんなことはありません。結果を出す人というのは、結果を出すのにふさわしい行動をとってきた人だけです。そして結果というのは、常に勝負の前に決まっているものです。結果が出た人は、それにふさわしい自分になった人です。結果が出なかった人は、まだ結果にふさわしい自分ではなかった人です。

ですので、結果にふさわしい自分になれるようさらなる練習・トレーニングを積んでいく。それしかありません。自分に「頑張った」と、声掛けをしている人は、ある意味甘えているともいえます。頑張っていれば何か満たされると勘違いしているのです。しかし、頑張っても結果が出ないことはあります。それどころか、頑張っているのに結果が伴わない現実をごまかし続け、ますますストレスを背負い込んでしまうのです。

するべきことをするにしろ、苦しんでやるより楽しんでやる方が結果につながるのです。だから苦しい生き方より楽しい生き方をした方がいいですよね？　その方が勝負をする上でも良い結果に繋がるはずです。

人生は人との競争ではありません。

だから勝ちも負けもありません。勝ち組だとか負け組なんて言葉が使われる時がありますが、人生の勝ち負けって何でしょう？　もしそんなものがあるとしたら、誰かと比べ、勝とうと思った時点で負けているのではないでしょうか？

何をするにしても一番を目指し、完ぺきであろうとする人がいます。しかしそういう人はとても不幸な人です。なぜかというと、人は完ぺきを求めると不幸になるからです。

真面目な人ほど「完ぺきであろう」としてストレスを溜めこみながらも周囲の期待に応えようとしがちです。しかしどれだけ完ぺきを目指しても完ぺきには辿り着けません。それどころか心も身体も疲れ果て、病んでしまう危険があります。

逆にマイペースで生きている人は心の病とは無縁でいられます。マイペースという言葉は悪い意味で捉えられがちですが、自分にあったテンポで進める人のことを言います。完ぺきを求めすぎずに自分が今やるべきことにエネルギーを注げる人は自分のペースで集中することができるのです。

しかし完ぺき主義の人はあまりにも高い目標を掲げすぎる傾向があります。そしてそこに到達できないと落ち込み、ふさぎ込んでしまいます。常に一番になることを考え、頑張って努力してもどうにもならないことは世の中にいくらでもあります。たとえば自分が生んだ子どもが障害を持って生まれてきた時。どれだけ頑張って努力したとしても、我が子の障害を取り除くことはできません。これはとても悲しく受け入れがたい現実です。

しかし、現実は変わらないとあきらめた時、心の持ち方を変えることができます。障害を不幸と捉えるかどうかは自分次第です。

目が見えず、耳が聞こえず、話すこともできなかった三重苦の障害を克服したヘレン・ケラーはこう言いました。

「障害は不便です。しかし不幸ではありません」

障害を持って生まれてきた子を不幸だと思ったり、恥ずかしいと考えてしまっては毎日が悩みと苦しみの連続になります。しかし「この子は私を選んで生まれてきたんだ」と心の持ち方を変えてみたらどうでしょう？　生まれてきた愛しい子を誇りに思えるのではないでしょうか？

「神さまは越えられない試練は与えない」と言います。

変えられない現実はどうしようもないとあきらめて、心の持ちようを変えることで勇気が芽生えます。どんなに頑張っても乗り越えることができないことがある。努力を続けても越えられない壁もある。でも「それでいいんだ」「そんなに頑張らなくてもいい」と完ぺきであることや一番になることをあきらめた時、越えられないと思っていた壁を越えたことになるのです。

どんなに頑張ってもどんなに努力しても一番になれるとは限らない。そう、あきらめた時、人は心に安らぎを取り戻し幸せを感じることができるのです。

一番になることにこだわる必要なんてない。
前向きにあきらめた時、幸せが生まれるのだから。

あきらめの55

不幸の中にも幸せは隠れている

何を幸せと感じ、何を不幸と感じるかは人によって異なります。

万人共通の幸せという現象は世の中に存在しません。

物事にはマイナスの面もあれば、プラスの面もあるものです。


たとえばコップに半分の水が入っているとします。

それを見て「半分しか水がない」と思う人もいれば、「半分も水がある」と思う人もいます。

これは何も「半分しか水がないと思うのは悪いことだ」と言いたいのではありません。〝別の見方もできる〟ということなんです。

どっちが正しくてどっちが間違いでもありません。どっちがネガティブでどっちがポジティブという話でもありません。同じひとつの現象を見たとしても、捉え方や感じ方はひとつだけではないということなんです。


たとえ事実はひとつでも、見方はひとつではありません。今の自分の物の見方や考え方が全てではなく、「違った見方もできるかもしれない」と気づいた時、人は不幸の中にも幸せを見つけることができるようになります。人は〝見たいもの〟を自由に見ることができる存在なのです。

コップに半分の水を見た時、ないほうを見るか？　あるほうを見るか？　それはあなたの自由です。

どうせだったら、明るいほうを見たいですよね？

楽しいほうを選んだほうがいいですよね？

物事にはプラスの面もあれば、マイナスの面もあります。今、見えているものが全てとは限りません。同じものを見ていても、見る人にとって〝見えるもの〟は違い、捉え方も感じ方も異なります。

だから一方的なモノの見方だけでなく、色んな見方があることを知り、人生を今より明るく、楽しいものにしていきましょう。幸せの中にも不幸があり、不幸の中にも幸せは隠れているのだから。


「人間《にんげん》万事《ばんじ》塞翁《さいおう》が馬《うま》」という故事成語があります。

むかし中国の辺境の塞《とりで》のほとりに占いの巧みな老人（塞翁）が住んでいました。

その老人の馬がある日逃げていなくなってしまいます。人々はとても気の毒だと慰めに行きましたが、老人は「これは幸いになるだろう」と言いました。

すると数か月後、逃げた馬が立派なメス馬を連れて帰ってきたのです。それを見た人々が「これはめでたい」とお祝いに行くと、老人は「これは災いになるだろう」と言いました。

そしてある日、老人の息子がそのメス馬に乗って遊んでいたら、落馬して足の骨を折ってしまったのです。人々が老人の家にお見舞いに行くと、老人は「これは幸いになるだろう」と言いました。

暫くすると戦争が始まり、多くの若者は戦争に駆り出され命を落としてしまいました。しかし老人の息子は足を骨折していたおかげで戦争に行かずにすみ、無事だったというお話です。


僕たちはつい、起きた出来事に対して一喜一憂してしまいがちです。しかしこのお話からもわかるとおり、人生には幸せの中に不幸があり、不幸の中にも幸せは隠れています。つまり〝人生で起こる出来事の中に幸せと不幸は同時に存在している〟ということです。ただ、そのどちらに目を向けるか？

それだけの違いなのです。


たとえば宝くじで1億円を当てた人は喜びと一緒に「いつかそのお金を失うかもしれない」という怖さも同時に手にするかもしれません。

ずっと恋人が欲しくてようやく異性と付き合った人が、今度は「嫌われるかもしれない」とか「別れるかもしれない」という不安を同時に手にすることもあるでしょう。

「禍福《かふく》は糾《あざな》える縄《なわ》の如《ごと》し」と昔の人は上手いこと言ったもんですが、幸せと不幸は表裏一体です。

もしあなたが「幸せを手に入れたい」と努力して苦しんでいるのなら、自分の心に問いかけてみましょう。「自分の現状がはたして不幸なのか？」と。

人はつい自分の理想の枠から外れたモノを不幸と見なしてしまいます。でも視点を変えると意外な所に幸せが隠れているのです。だから不幸の裏側にある幸せを見つける人であろう。幸せな人とは「自分が幸せだ」と気づける人なのだから。

幸せも不幸も考え方次第。
今の自分を幸せだと思える人は幸せな人だ。

あきらめの56

あきらめてあきらめて強くなる

生きていると時には大きな壁に突き当たり、あきらめなければならない時が出てくるものです。そんな時は「あきらめたらダメだ」と言って、いつまでも終わらせないより、自分で始めたことは自分で終わらせるという〝あきらめる勇気〟を持つことも大切です。なぜかというと〝真のあきらめない勇気〟はあきらめることから生まれるものだからです。

何かをあきらめた人ほど、人に優しくもなれます。だから、あきらめることは弱さではなく強さなのです。

「剛毅果断《ごうきかだん》」で生きる人はあきらめる強さを持っています。「剛毅果断《ごうきかだん》」とは何事にも屈せず、思いきって事を行うさまを言います。「剛毅」とは意志が強くくじけないことで、「果断」は物事を思いきって行うことです。この「果断」という言葉の語源は果物を実らせる時に間引くことから来ています。果断しないでそのまま実らせてしまうと木が弱り、果物自体も不味くなってしまいます。だからしっかりと育つ実のためには他の実を切り捨て、あきらめることが必要になるのです。

何か大きなことを成し遂げるためには、他のことはあきらめる必要があります。みんなと同じように遊ぶのをあきらめたり、時には寝る時間を削るべき時もあるでしょう。そうやって何かをあきらめることができる人は強い人です。そう、人は強さがないとあきらめることもできないのです。

だから「あきらめる」ことは負けることでもなく、弱いことでもありません。人はひとつひとつを上手にあきらめて、あきらめて、強くなっていくのですから。

時にはあきらめることでへこんだり、落ち込むこともあるでしょう。でも落ち込んでいても仕方ありません。へこむだけへこんだら上手に立ち直り、それを踏み台にして越えていけばいいのです。

自分の能力を伸ばすために努力が必要なのは間違いありませんが、才能という大きな壁も確実に存在します。努力だけではどうしようもないくらいの才能の差だってあるでしょう。でもその現実をあるがままに受け入れるのも大切なのです。強い決意と意志がなければ、あきらめる強さも持てません。

自分を責めず、他の誰も責めずに現実を受け入れられる人は新たに前に向かって進んでいく強さも持っているでしょう。生きていく上で〝あきらめる〟ということは避けられず、必要な要素だとわかっているからです。そう、だから生きるというのは〝あきらめるべき壁〟から目を逸らさずに向き合うことでもあります。

そうやって現実をシッカリと見て、あきらめる経験をしてきた人が〝強くなる〟のです。何かをあきらめられるようになって、人はようやく一人前になれるとも言えます。

雑草というのは踏みつけられるほど強くなります。

人間だって踏みつけられる程のあきらめを経験してきた人のほうが、強さも持ち合わせているものです。そんなふうに何かをあきらめて人は大人になり、成長して生きます。だからあきらめるという経験は人生で欠かせない時間なのです。

何かをあきらめたからといって、そこで人生が終わるわけではありません。そこからまた新しく始めることだってできるのです。これまでのあきらめの積み重ねが真のあきらめない勇気を生み、タフな精神を生みだします。生きていく上でタフな精神は必要です。そしてあきらめることで強くなり、壁を乗り越え、成長していけるのです。

本当の強さはあきらめるべきことをあきらめることから生まれる。雑草が踏みつけられて強くなるように人間も踏まれて強くなっていくものなんだから。

あきらめて、あきらめて、強くなる。
何かをあきらめたその時、それは新しい何かの始まりでもある。

あきらめの57

神さまはあきらめた人を責めたりしない

もし神さまがいるとしたら、あなたがこの世を去った時、神さまはあなたに何て言うでしょう？

「どうしてあの人のようにならなかったの？」

「どうして他の人のように立派にならなかったの？」

きっと神さまはそんなこと言わない気がする。


「どうして金持ちになるのをあきらめたの？」

「どうして成功するのをあきらめたの？」

「どうして救世主になるのをあきらめたの？」

きっと神さまはそんなことを尋ねてこない気がする。


その瞬間に神さまが問いかけるのは、ただひとつ。

「どうしてあなたはあなたであろうとしなかったのか？」という質問だけです。

誰かのようにならなくていい。あなたはあなたであればいい。きっと神様はそう言って、今も、僕たちを見守っているのではないでしょうか？　だから、他の誰かのようになろうとせずに、誰かに言われるままの自分になろうとせず、あなたはあなたの信じる道を行けばいいのです。

「あきらめたらダメだ！」と意地になって苦しみながら生きる姿を見ても、誰も喜びません。しかしどうも多くの日本人は真面目な性格の人が多いからか、「途中でやめるのは良くないことだ」と考える人が多い。だけど、あきらめたっていいいし、無理ならやめればいい。イヤになったら、いつでもやめられる。そういう選択肢を持っておくほうが生きやすいのです。あきらめるのは悪いことじゃありません。だから一度決めたことでもやめていいのです。

あきらめても神さまはあなたを責めたりしない。ただ、あなたがあなたであればいい。だって僕たちが人生で与えられた課題はそれぞれが違っているのです。あなたにはあなただけの、そして僕には僕だけの人生があります。その中で喜んだり、悲しんだり、学びながら答えを見つけていくのです。

時には激しい波に襲われ、思うように人生の舵が取れなくなる時もあるでしょう。そんな抗いようもない波のうねりの前ではジタバタしても仕方ありません。「なるようになれ」とあきらめることです。

この一見ネガティブな気持ちが人生を良い方向へと導いてくれます。そう、自然に身を任せると自然がいいようにはからってくれるのです。

「身を捨ててこそ浮かぶ瀬もあれ」という言葉があります。

流れに任せると、いつかきっと立ち上がれる場所があります。「溺れたくない、溺れたくない」と力みすぎるとなかなか浮かばず、逆に沈んでしまうものです。そんな時は全身の力を抜いて流れに身を任せたら、自然と浮かんできたりします。だから起きた出来事に対して投げやりになるのではなく、起きた出来事は「仕方がない」と受け入れて、その上で流れに身を任せましょう。

「あきらめちゃいけない！」「あきらめず頑張るべきだ！」「あきらめたらダメなんだ！」

つい僕たちはこのような考え方にとらわれて、〝今〟を楽しむことを忘れ、違った見方があることを見失います。でも自分の思考は自分で選択可能です。

思考法は大きく二つに分けることができます。アメリカの心理療法士リチャード・カールソン博士は、これを分析的思考法と流動的思考法と言いました。分析的思考法とは記憶された情報をもとに物事を考える思考法で、流動的思考法とは川のように流れる思考法を言います。どちらの思考法も大切ですが、どのように使うかで見つかる答えも変わってきます。

たとえば、もしあなたが答えが見つからない状況の中にいるのなら、分析的思考法でなんとか答えを見つけ出そうとするのをやめてみるといいかもしれない。逆に「答えが見つからない」ことを認め、それを受け入れて「自然と見つかるはずさ」と流動的思考法に切り替えてみると、心が穏やかになり、思いもしなかった優れた答えを見出せるかもしれません。だからもっと全身の力を抜いてジタバタせずにマイペースで生きれば、あなたらしい生き方ができるのではないでしょうか？

僕に心理学とカウンセリングを教えてくれた日本メンタルヘルス協会の心理カウンセラー衛藤信之先生は、一年間インディアンと生活しました。そのインディアンから、こう教えられたそうです。

「カラスは風を押さえつけて飛ぼうとするから、そんなに高く飛ぶことはできない。しかしイーグルは力を抜くことで、風にうまく乗る方法を知っている。人間も時には肩の力を抜いて、人生の流れに身を任せることも必要だ」

だから自分で自分を見失ってしまいそうな時には、無理をするのをやめて力を抜いてみることです。あなたはあなたのペースで生きればいいのですから。

人生には「こうでなくてはいけない」なんて決まりはありません。だからたとえ何かをあきらめても、神さまはそれを責めたりしない。

あなたはあなたであればいい。あなたはあなたであればいい。

あなたにはあなただけの良さがあるのだから。

あきらめてもいい！
自分自身であれ！

あきらめの58

あきらめて〝今ここ〟を生きる

生きていく上であきらめるべきことはたくさんあります。

たとえば、人は思いどおりにならないし、過去を変えることはできない。未来はどうなるかわからないし、社会や世の中もどう変わっていくかわかりません。つまり僕たちができるのは今を生きることだけなのです。過去に戻って自分の行いを改めることはできません。しかし現在《いま》のあり方は今すぐにでも変えられるのです。

だから、どうにもならないことはどうにもならないとあきらめて、今ここを生きましょう。

「衣食足りて礼節を知る」という諺があります。

まずはいま自分が充分に満たされていることを知り、そこから人間的な徳を積んだり、成長していくことが大切です。そうじゃないと結局なにを手に入れても足りないモノばかりを探してしまい、常に満足しきれずに走り続けることになってしまうでしょう。そうして走り続けて気づいた時には、本当に大切なモノをなくしているかもしれません。だから〝**足るを知ること**〟が大切なのです。

人はつい目の前のモノに満足しきれずに、もっと大きなものを求めてしまいがちになる。だけどホントに大切なものって自分の周りに自然と集まって来るんじゃないでしょうか？　手を伸ばして無理に色んなものを手に入れようとする前に、自分の周りの人やものを大切にして生きていくことのほうが幸せなことだと思いませんか？

何も手にしなくても幸せであることはできるのです。「あきらめる」というのは執着を手放すことでもあります。執着しているものを手放せば、身軽になります。そして〝今まで見えていなかった景色〟が見えるようにもなるのです。

だから「あきらめないぞ！」と無理して頑張るのをやめてみよう。肩の力を抜くことで心はきっと軽くなります。

あきらめて〝今ここ〟を生きるのです。

幸せは欲望を満たしたからといって得られるものじゃありません。本当の幸せは〝今ここにあるモノに気づく〟ことです。だから執着しているモノを手放して、今ある幸せに目を向けてみよう。そうすることであなたも心から幸せを感じられるはずだから。

幸せになれないのを環境のせいにする人がいますが、どうすることもできない環境なら、その場所で咲くしかありません。人はたとえどのような環境下でも、自分の力で幸せを見つけることができる存在です。置かれた環境に不平不満を口にし、他人の行動で自分の幸せを左右されていては環境の奴隷でしかありません。だから自分自身が環境の主人となって、自分の花を咲かせる工夫をしてみることです。人はどんな環境にいたとしても、自分らしい花を咲かせることができるのですから。

そう、置かれた場所で咲けばいいのです。

世の中にはどうすることもできない状況や、どうしたって抜け出せない環境もあります。そんな中で意地になって力んで生きるより、「しゃーない」と前向きにあきらめたほうが、人生は好転していくものです。

僕やあなたが今ここに置かれているのには、必ず〝理由〟があります。

だから置かれた環境に不平不満を言うのをやめて、この場所で自分らしい花を咲かせましょう。あきらめることにより、初めて見える世界があります。投げやりになって断念するのではなく、自分の状況を明らかに見極めながら、あなたらしい花を咲かせましょう。

僕たちは境遇を選ぶことはできなくても、生き方は自由に選ぶことができるのだから。

あきらめて今ここを生き始めよう。
置かれた場所で咲けばいい。

あきらめの59

ありのままで生きていい

世の中には二人と同じ人間はいません。みんな違います。同じでなくて当然なのです。だから周囲に合わせて自分を変えようと努力する必要はありません。自分以外の〝何者かになろうとする〟のはあきらめることです。なぜならあなたはあなたでいいのですから。

もしあなたが「みんなと同じでありたい」と望むと辛くなるばかりでしょう。だから「みんな違っていいんだ。私は私。ありのままの自分を受けとめて、自分がなりたい自分になる」と胸を張ればいい。他人と違うということはそれだけ個性があるという証です。人はみんな同じではありません。あなたと他の人は違うとあきらめて下さい。自分は自分なんだとあきらめて下さい。そしてありのままのあなたで生きればいいのです。

すべての人間は全宇宙でたった一度だけ、そして二つとないあり方で存在している。ナチスのアウシュヴィッツ強制収容所から生還し、『夜と霧（みすず書房）』を執筆したヴィクトール・E・フランクルはこう言いました。

「人生にどう生きるのか問うのをやめよ。人生があなたにどう生きるかを問うているのだ」

人生は人との競争ではありません。

ゆっくりで構わないから日々着実に自分にできることをやっていけばいい。「あきらめたらダメだ！」と言って無理をする必要はありません。誰かと同じになろうと頑張る必要もありません。あきらめに対するこだわりを捨てて、あなたはありのままで生きていいのですから。


アサガオの花を咲かせようとヒマワリの種をまいても、アサガオは咲きません。

ヒマワリの花を咲かせようとアサガオの種をまいても、ヒマワリは咲きません。

アサガオの花を咲かせたいなら、まずアサガオの種をまく必要があります。

「なんとしてでもヒマワリの種をまいてアサガオの花を咲かせたい」と思っても、できないものはできないのです。だからこれはあきらめるしかありませんよね？

でもアサガオの花を咲かせるということまであきらめる必要はありません。アサガオの花を咲かせたいのなら、アサガオの種をまいて咲かせればいいのです。


人には人の分があります。だからその分を越えたことは、どんなに頑張ってもできるはずがありません。それなのに人は「あきらめるな」とか「頑張れ」という言葉をかけます。でも「頑張れ」と言うってことは「あなたは頑張りが足りない」と言っているのと同じです。

世の中に頑張っていない人なんていません。生きている人はみんな頑張っています。

無理に頑張らせようとしたり、あきらめるべきことをあきらめさせないから、心を病んでしまう人が増えてしまうのです。それに人は根底に「私はありのままで生きていいいんだ」という気持ちがなければ、頑張ることもできません。「私は私でいい」「ありのままでいい」そう自分をあるがままに受け入れることができて初めて、自分の人生を生きられるようになるのです。

生きていると色んな人があなたの人生に対して口出ししたり、アドバイスをして来るでしょう。しかし誰もあなたの人生の〝責任〟は取れません。だから、あなたはあなたの信じる道を進んでいけばいいのです。信じた道が正しいかどうかなんて、実際に歩いてみなければわからないし、人生において何が正しいかなんて誰にもわかりません。そもそも最初から人生に正解や不正解なんてないのです。

時には道の途中で転んだり、挫折することがあるかもしれません。だけど、もしかしたら最後には笑える思い出に変わることだってあるかもしれませんよね？

たとえ道が困難でも、自分がいいと思う人生を生きられたなら、それってサイコーの人生だと思いませんか？

人生に決まった形なんてないのです。生きるのにあるべき形なんてないし、あなたにだってあるべき姿なんてありません。
もし自分探しに疲れたのなら、自分創りを始めればいい。あなたの人生を創るのはあなた自身です。
そして自分の人生を「いかに生きるか？」と自分に問いかけてみよう。人生を創るあなたが変われば、
未来も必ず変わってくるはずだから。

生きる意味を問うなかれ。
人生を問うなかれ。

人生があなたに「生きる意味は何か」と問いかけているのだから。
あなたはそれに、こたえればいい。
あなたがありたいと望むありのままのあなたの姿で！

ありのままで生きていい。
あなたがなりたいあなたであれ！

あきらめの60

幸せはあきらめから生まれる

僕には中学生の頃からの友人がいます。彼は10代を共に過ごした親友です。彼とは別々の中学校に通っていたのですが、ちょっとしたきっかけで仲良くなり、一緒にたくさんの悪さをしました。14歳から17歳までは特にひどかった。

暴走、窃盗、シンナー、恐喝、喧嘩、覚せい剤…

中学卒業後、彼と僕は違う暴走族に入った。しかしそれからも一緒に過ごすことが多かったので、たくさんの思い出があります。僕が家を追い出された時には彼の家に泊めてもらい、彼が家を追い出された時には、僕の一人暮らしのアパートに泊まった。

彼も僕も中卒で、中学卒業後すぐに働き始めました。同じ職場で一緒に仕事をしたりもしました。たくさん悪いこともしましたが、たくさんの楽しい思い出もあります。そしてお互いに後悔していること、反省していることもたくさん…。

警察のお世話にも、何度もなりました。

当時は軽い気持ちでやっていた悪行ですが、実際は人生を狂わせることになります。覚せい剤がいかに恐ろしいか。彼と僕は身をもって体験しました。

18歳の時、彼は当時付き合っていた彼女との間に子どもを授かり、結婚しました。若くして父親になった彼は、とても幸せそうに僕の目に映りました。彼は一生懸命働き、幸せな生活を築き上げたのです。

僕の目から見た彼はとても働き者でした。朝方まで一緒に飲んで騒いで、シンナーや覚せい剤。それでも、どんな時でも、彼は仕事を休むことはありませんでした。

彼は16歳の時からサイディング屋の仕事を始め、職人になりました。サイディングとは家の壁に張る外装材のことです。

努力家の彼はすぐに現場を一人でこなせる程の腕前になりました。そして18歳の時もサイディング屋の仕事をしていて、その仕事ぶりはとても真面目で、腕前も親方以上でした。

彼女の妊娠がわかると彼はシンナーや覚せい剤から卒業しました。そして仕事と家族を大切にするようになったのです。そして僕たちはしばらく会わない時期がありました。

20歳を過ぎた頃、久しぶりに彼と会いました。すると驚くべき変化があったのです。

なんと彼は宅建（宅地建物取引主任者）の資格を取得していたのです。

その時、彼は僕にこう言いました。

「結婚して子どもができて父親になった。でもだからといって、ただ働いてお金を稼いで暮らすだけの人生は嫌だ」と。

彼には向上心と行動力がありました。

朝早く起きて仕事に行くまでの時間勉強する。そして仕事から帰ってきてお風呂に入って夕食を食べてからまた勉強する。そうして彼は宅建に合格したのです。


結婚して父親になっても、やろうと思えばやりたいことはやれる。

働きながらでも勉強しようと思えば勉強できる。

たとえ中卒で元暴走族でも頑張れば、何だってできる。

それを僕に教えてくれたのは、まぎれもなく彼でした。


そして彼は多くの目標を語りました。当時、彼が口にした目標は、司法書士の資格を取得することでした。そして彼はそれまで働いていた仕事をやめて、アルバイトを始めます。

それまでの彼は毎月40万円近い給料がありました。サイディングの仕事で、彼は一人で現場を任されるほどの腕前だったため、同年代の中では最も稼いでいました。

しかし毎月40万円近く稼いでいた彼はその仕事をあっさりとやめて、時給８００円のアルバイトを始めました。そして司法書士に合格するための勉強を始めたのです。

彼の行動はそれだけではありませんでした。彼は司法書士事務所で働くために、あちこちの司法書士事務所に履歴書を送り続けたのです。そして見事、採用してくれる事務所を見つけ、彼は司法書士事務所での就職が決まりました。

そんな彼を見て僕は「スゴい！」と思いました。


しかし心が病んでいた僕は次第に彼と連絡を取らなくなります。そして僕は住んでいた町を離れ、親、兄弟、友人、すべてと連絡を絶ちました。そう、彼にも何も言わず、僕は住んでいた町を離れたのです。

数年後、僕は少しずつ自分を取り戻しました。そして結婚することになった僕は、親、兄弟、そして何人かの友人と再び連絡を取るようになります。

しかし、彼とだけは連絡が取れませんでした。

彼の噂を耳にすることはありました。しかし実際の所は会ってみるまで知りませんでした。

やがて僕は彼と8年の時を経て、再会しました。そしてそのまま飲みに行き、彼の8年間を聴いてみたのです。


それは僕の想像を絶するものでした。

8年前、僕が住んでいた町を離れて間もなく、彼の人生は少しずつ狂い始めました。あろうことか､再び覚せい剤に手を出してしまった彼は､まるで坂道を転がるかのように堕ちていったのです。

そして彼は僕にこう言いました。

「あの時、すべてを失った…」と。

ちょうど僕が町を離れた頃、彼は再び覚せい剤に手をだしました。そしてヤクザの事務所に出入りするようになっていったのです。

覚せい剤の虜になった彼は職を失い、やがて彼の奥さんと子どもたちは家を出て行きました。そして彼のまわりからは友も消えました。

ある日、母親と実家に住んでいた彼の家に警察が逮捕状を持ってやってきました。

母親からの電話でそれを知った彼は、逃げるのではなく、あきらめて家に帰るという選択をしました。

そして彼は逮捕されました。

彼は拘置所に一年間収監され、執行猶予付きで出所しました。

拘置所の中にいた時、そんな彼の元に面会に来てくれたのは母親だけだったそうです。

既に町を離れ、誰とも連絡を取らずにいた当時の僕は、そんなことがあったとは全く知りませんでした。

「仕事も家族も友達も…あの時、すべてを失った」彼はそう言いました。

拘置所の中での一年間。

その時こそ、彼の選択する時でした。拘置所の中で彼は、「もうこのままではダメだ」と思い、更正することを誓ったと言います。

僕たちと一緒に悪さをしていた仲間や先輩、そして後輩も逮捕経験がある者は多い。もちろん僕もその一人です。

捕まった後、どのような〝選択〟をするか？

それは人それぞれです。

しかしそこが大きな分かれ目になります。

更正する者もいれば、もっと悪くなる者もいる。捕まっても捕まっても、懲りずに同じ過ちを繰り返す者もいる。

彼はこれまでのことをあきらめ、更正する道を選択しました。

出所してから彼はすぐに職を探し、再び勉強を始め、司法書士の試験に見事合格しました。そして司法書士事務所を開業するまでに至り、僕たちは8年ぶりに再会しました。

僕たちが再会したきっかけは彼が僕のブログにコメントをくれたからです。僕のブログを見た彼はなかなか連絡する勇気を持てなかったと言いました。しかし勇気を出して連絡をくれたおかげで僕たちはお互いに抱えてきた痛みを語りあえたのです。

彼から連絡をもらえた時、僕は本当に嬉しかった。凄く勇気のいることだったに違いない。その勇気に感謝すると共に、彼がまた彼らしく生きていることに喜びを感じている。

自分の過去をさらけだすのは勇気がいる。それは傷口に塩を塗るかのようにとても痛い。僕はこの本にこの話を書くことを彼に相談した。彼は快く許可してくれた。本当に感謝している。

僕はふと考える時がある。あの頃の僕たちが今の僕たちを見たら、どう思うだろう？と。

中卒で暴走族、好き勝手悪さをしてきた二人。

たくさんの人に迷惑をかけ、そしてたくさんの人を傷つけた。


でも悪いことをすれば悪いことが帰ってくる。

「因果応報」――過ちは巡り巡って自分の元へかえってくる。


僕たちはたくさんの間違いを犯し、そしてそこから多くを学んだ。失くしたものはあまりにも多く、そして大きい。自業自得と言われればそれまでですが、この経験を生かして、これからの人生を生きていくことが大切だと僕は思っています。

そこから学び、得たモノもたくさんあるのだから。


今はまだ旅の途中。

今はまだ旅の途中。


人生はまだまだこれから。

そう。まだまだ。これからなんです。

あなたがもし、道に迷った時。
悩んだり、闘いに負けてしまいそうな時は、思い出してほしい。
今、この瞬間こそが奇跡であること。毎日毎日、僕たちは〝奇跡〟を体験している。
だから今この瞬間の幸せを感じながら、より良い毎日のために生きていこう。
幸せはあきらめから生まれるのだから。

人生の9割はあきらめてもいい。
でも人生をあきらめてはいけない。

あきらめの61

あきらめても人生は終わらない

「あきらめてはいけない」
「絶対にあきらめたらダメだ」

このような言葉が巷で溢れ、「どんなことでもあきらめたらダメなんだ」という思いに囚われている人がたくさんいます。その結果、必要以上に苦しんだり、不幸になってしまっているのです。しかしそこに「あきらめてもいい」という選択肢をプラスすれば、自分で選ぶことが可能になります。

そう、あきらめてもいいし、あきらめなくてもいい。あなたの人生はあなたが自由に生きればいいのです。

だからあきらめるべきことはあきらめて、あきらめられないことは「あきらめられないのだ」とあきらめよう。その上で自分が幸せになれる道を選んで下さい。

本書で述べてきたようにあきらめるとは本来〝明らめる〟から来ています。あきらめるとは物事を途中で投げ出すことではなく、明らかにすること。つまりハッキリさせることなのです。だからあきらめることへの罪悪感を捨て、前向きにあきらめる勇気を持って下さい。

人生はあきらめが9割です。

僕がこの本で伝えたかったのは、**「あきらめても人生は終わらない。あきらめても幸せに生きることはできる！」**ということです。

僕は何も努力がどうでもいいとか頑張ってはいけないと言っているのではありません。あきらめずに頑張っている人の生き方を否定しているわけでもありません。努力して、あきらめずに頑張ることでしか越えられない壁が存在するのは確かです。だから、ここぞという時には他の多くのことをあきらめてでも頑張って努力すべき時もあるでしょう。

しかし人生にはどれだけ頑張っても思うようにいかない。そんな時期があるのも確かです。やればやる程うまくいかず、逆に空回りする時もあるでしょう。そんな時は「今はそういう時期なんだ」とあきらめるしかありません。

花が咲くには咲くべき時期があり、花が散るのも散るべき時期があります。だから上に花咲かぬ冬の日には、下へ下へと根を伸ばし、大輪の花を咲かせるための準備をしよう。

やがて春が訪れて大輪の花を咲かせる、その日まで。

どうにもならない9割のことはあきらめて構いません。なぜなら人生において大切なのはあきらめずに頑張り続けることではなく、あなたが幸せに生きることだからです。

人は生きているだけで価値があります。

だから「あきらめたらダメだ」と言って苦しむのはヤメにして、より良い精神状態で夢や目標に向かっていって下さい。今まで無理して続けてきたことに終止符を打ち、あきらめて次のステップに進んで下さい。

人生ではやらなければいけないことはたくさんあるけど、そのすべてをやる時間はありません。心が悲鳴をあげるまで我慢して無理をしてまでやらなければならないことなんて、あったとしてもほんのごく僅かです。だから自分の中で何をあきらめて、何をあきらないのかをハッキリと線引きするようにしましょう。

やらなくてもいいことをやり続けていられるほど、人生は長くありません。人生はあなたが本当にやるべきことをするための時間しかないのです。だから「これはあきらめてもいいかな」と思えることはキッパリとあきらめる勇気を持ちましょう。

自分の力ではどうにもならないことについてアレコレ考えていても仕方ありません。それよりも今、自分にできることに集中し、とりあえず自分が今やれることから始めてみましょう。

がんばらなくていい。
無理をしないでいい。
あせらなくてもいい。

もっと力を抜いて生きたらいいのです。

僕たちは幼い頃から「努力することは尊い」と教えられ「努力しない者は価値がない」という価値観を植え込まれてきました。しかし人間は努力なんかしなくても存在しているだけで価値があります。人間の価値というのはあらゆる視点から見れば多様に存在しているのです。

「努力すること、頑張ること、あきらめないこと」

このような生き方を好むのはいいですが、それだけが価値ではありません。なぜなら、あなたも「存在しているだけで価値がある」のですから。

がんばらなくていい。

無理をしないでいい。

あせらなくてもいい。


頑張るのをやめて、初めて見える景色があります。

無理をするのをやめて、初めて開く扉があります。

あせるのをやめて、初めて気づけることがあります。


そう、あきらめることからあなたの人生が始まるのです。

だからあきらめることに対してマイナスのイメージを持つ必要はありません。前向きに肯定的にあきらめる勇気を持って生きていきましょう。

たとえ人生の9割をあきらめたとしても、生きてさえいれば、何度でも、新しい扉を開くチャンスはあるのだから。


あきらめても人生は終わらない。

あきらめても幸せに生きることはできる。

おわりに

この本を最初に書き上げた時、何か物足りないモノがある気がしていました。なぜなら、僕自身の過去を一切書いていなかったからです。しかしそれはとても不自然なことでした。あやうく僕はこの本を僕の書いた本であって僕の本ではないような魂のこもらない本にしてしまう所だったのです。

それに気づかせてくれたのがハート出版編集者の西山さんでした。

元暴走族の過去をさらけだすことで、もしかしたらそれを責める人もいるかもしれない。でもそんな人ばかりとは限らない。何よりも自分のすべてをさらけだしてこそ、この本に説得力が生まれるのではないか。そう、西山さんは僕に大切なことを教えてくれたのです。

そして僕はこの本を最高の一冊に仕上げるためにあきらめる勇気を持ちました。「明《あき》らめて」自分の実体験を書くことで、ただ知識を並べただけの本ではなく、本に魂を宿らせることができたのです。本当に感謝しています。

臆病であることは悪いことなんかではない。僕も自分の中に臆病な自分がいることを知っています。

でも臆病だからこそ、素直であるべきだと思うのです。


恥をかくかもしれない。

笑われるかもしれない。

失敗するかもしれない。

嫌われるかもしれない。

バカにされるかもしれない。


でも、そんな姿を見て勇気づけられる人だっているかもしれない。

この本を書くことで誰かが明るく前向きに生きる勇気を持ってくれるならば、それだけでも書く意味があるのではないだろうか。そう思い、僕はこの本を書きました。

しかしこうした内容の本を書くのはどうしてもリスクがあります。読み手の受け取り方によっては、読者を悪いほうへと導いてしまうことになるかもしれないからです。たとえば暴走族やシンナーに興味を持ってしまう人もいるかもしれません。中には僕の伝えたいことと違う部分に焦点を当ててしまう人もいるかもしれません。

だから僕は書くことを躊躇い、悩みました。しかしそれでも書くべきだと思ったのです。なぜなら、リスクを恐れて行動しない者に、何かを変えることなどできないからです。

もしあなたがこの本を読んで僕が犯してきた過ちのほうに興味を持ったとしても、そういったことは決してしないで欲しい。そして自分の人生も他人の人生も大切にして下さい。安易な好奇心で道を踏み外す前に少し立ち止まって、冷静に考えてほしい。

自分のやったことは必ず、自分に跳ね返ってきます。それは自分が思いもしなかった形で、何倍にもなって…。

だから素直にあきらめて、感謝の気持ちを忘れないで生きて下さい。

僕がこうして生きてこられたのも僕だけの力ではありません。多くの人に支えられて、多くの人との出会いに助けられてきたからです。そう考えたら、きっと僕の人生にはすべてが必要だったのでしょう。僕の人生のどれかひとつでも欠けていたら、今の僕は存在しません。だから改めて今、出会ったすべての人々、起きたすべての出来事に心から感謝したいと思います。

最後に、この本を書く上で僕は「当時、感じた気持ちをそのまま伝えたい」という思いから、まるで父と母から愛情を受け取っていないかのような書き方になってしまいました。そのため、父と母のマイナスの面に焦点が当たってしまいました。しかし僕は父と母からたくさんの愛情も受け取っています。ただ、子どもだった当時の僕がそれに気づけなかっただけです。

僕は心理カウンセラーの衛藤信之先生からたくさんのことを学び、カウンセラーになりました。だから、人は望む望まないに関わらず、時に人を傷つけてしまうものだと知っています。そして子どもから憎まれたくて育てる親なんていない。誰もが自分の人生を生きるのに一生懸命なのだということも。

僕は育ててくれた母、そして父に今では本当に心から感謝しています。あなたたちに育てられたおかげで、僕は今こうして幸せに生きています。

母さん、生んでくれてありがとう。育ててくれてありがとう。

そして、僕がこうして初めての本を世に出す機会を与えてくれたハート出版編集者の佐々木さんと西山さんに心から感謝申し上げます。ありがとうございました。

優しくかわいい絵を描いてくれたオオノマサフミさんにも心から感謝申し上げます。

いつも僕を支えてくれている妻と子どもたち、本当にありがとう。

そして、友や仲間たち。僕と出会ったすべての人たちに感謝しています。

最後まで読んでくれてありがとうございました。あなたに心から感謝します。

この本があなたが生きる上で役立つ一冊になってくれることを心から願っております。

中村　幸也

参考文献

アー・ユー・ハッピー？（角川文庫） 矢沢永吉 著
諦める力（プレジデント社） 為末大 著
一日江戸人（新潮社） 杉浦日向子 著
江戸の時代は大正時代にねじ曲げられた（講談社） 古川愛哲 著
心時代の夜明け（ＰＨＰ研究所） 衛藤信之 著
３秒でハッピーになる 名言セラピー（ディスカヴァー・トゥエンティワン）ひすいこたろう 著
将棋の子（講談社） 大崎善生 著
新世紀エヴァンゲリオン（角川書店） 貞本義行 著
ＳＬＡＭ ＤＵＮＫ（集英社） 井上雄彦 著
全思考（幻冬舎） 北野武 著
「だから、生きる」（新潮社） つんく♂ 著
働かないアリに意義がある（メディアファクトリー） 長谷川英祐 著
ビートたけしのウソップ物語（瑞雲舎） ビートたけし 著
僕たちは就職しなくてもいいのかもしれない（ＰＨＰ研究所） 岡田斗司夫 ＦＲＥＥｅｘ 著
ユング心理学と仏教（岩波書店） 河合隼雄 著、河合俊雄 編集
夜と霧 新版（みすず書房） ヴィクトール・Ｅ・フランクル 著、池田香代子 翻訳

◆著者◆

中村 幸也（なかむら ゆきや）

大阪府茨木市に生まれる。中卒。元暴走族。

現在は心理カウンセラー、あきらめる生き方の専門家、禁煙カウンセラー。


中学時代はかなりのやんちゃ坊主。盗んだバイクでグランドを走りまわり、タバコを吸いながら廊下を堂々と歩く。

中学卒業後、すぐに就職し働き始めるが、3ヶ月で辞める。

のちに20回以上転職を繰り返す。

暴走族の副総長となる。恐喝、窃盗、傷害、暴走、喧嘩、シンナー、麻薬、覚醒剤・・・etc
やんちゃ⇒「ワル」に
心が病におかされ"うつ"になるが地元を離れ、働きながら新たな自分を見出す。

地元を離れ、家族や友人すべてと連絡を絶ち、生まれて初めてただガムシャラに働き、独学で勉強して高等学校卒業程度認定試験（旧大検）に合格する。

その後、自分の可能性を広げる為、会社を退職しパソコンのスキルを身につけ、営業の仕事を始める。

営業の仕事をしながら独学で心理学とカウンセリングを学び、のちに日本メンタルヘルス協会の衛藤信之先生と出会う。

2010年、本格的に心理学とカウンセリングを学び心理カウンセラーとなる。以後、人の心を癒すことを使命とする。「悩みの答えは必ずその人の心の中にある。誰だって幸せに生きていける」という言葉を信条に、カウンセリングを心がけている。

公式サイト：http://www.relax-kinen.jp/
公式ブログ：http://ameblo.jp/yukiya-happy/
公式メルマガ：http://www.mag2.com/m/0001257830.html

あきらめる勇気 人生はあきらめが9割　残りの1割で幸福になる方法

平成27年12月11日　第1刷発行

著　者　中村幸也
発行者　日高裕明
発　行　株式会社ハート出版

〒171-0014 東京都豊島区池袋 3-9-23
TEL.03(3590)6077　FAX.03(3590)6078
ハート出版ホームページ　http://www.810.co.jp

定価はカバーに表示してあります。

ISBN978-4-8024-0011-4　C0095　　乱丁・落丁本はお取り替えいたします。

印刷・中央精版印刷株式会社